你看到的
Differences We See

不是
我看到的

◎李峥嵘 于光|著　◎王焱|绘

你看到的
Differences We See
不是
我看到的

辽宁美术出版社

Differences We See

目录

◆ 前言

◆ 推荐序

◆ 生活

◆ 观影

◆ 附录

Differences
We See

为什么要一起阅读？

李峥嵘

怎样给孩子讲故事？从亲子共读中我们能发现什么样的成长秘密？这是《你看到的不是我看到的》想给你打开的一个小小世界。

这里面有一个妈妈和孩子共读的 50 个故事。里面的妈妈是我，也不是我。里面的孩子也不完全等同于生活中的某个孩子。从孩子 2 岁开始，我就坚持每天晚上给他讲故事。五六岁，我们就一起开始创作明仔故事系列。这几年我也去小学、幼儿园，给孩子们讲故事，我把孩子们的反馈都放到了一个叫作明仔的孩子身上。

从一开始，我给孩子讲故事就不是为了教育，为什么这么说呢？先讲个故事吧。有一次，有个阿姨对明仔说："你这个机器人好可怕，哎呀，会咬人，哎呀，好疼。"当时明仔非常严肃，一句话也没有说。事后，明仔问我："那个阿姨怎么回事？"

这里面有一个问题，儿童确实存在想象和现实两个世界，但是他会很自然地在这两个世界之间切换，而且他认为成人是生活在现实世界里的，如果一个阿姨说着很幼稚的话，是不正常的。

　　据我观察，当大人想逗儿童说出童言稚语，孩子的语言常常非常乏味，因为他们想模仿成年人，想猜测成人需要的回答，愿意把自己当作成年人，生怕自己说出童言被成人嘲笑。

　　我想要写出一个真实的小孩，一个努力适应成人游戏规则的孩子，他的思维依然是孩子的。也想写出一个不完美的妈妈，她有很多的困惑和不安，她想理解孩子的思维，最后常常是孩子改变了她。这里面的明仔只是一个资质平凡的小孩，明仔的妈妈也没有什么特别的雄心要教育孩子成才。

　　那么为什么要一起阅读？我常常感到孩子是一个时间旅行者，偶尔进入自己的生命，总有一天会离开。共读一本书呢，就是试图建立一个时空隧道，在某一时段有一个短暂的链接。有时候，大人会荣幸地被邀请进入孩子的世界，而这个虚构世界正在慢慢消失，我希望在这个世界消失

◆ 你看到的

之前抢救一些瓦片。这本书里记录的便是这些瓦片。

　　这本书里的故事是一个现实的平行世界，里面的妈妈是我也不是我，明仔是我的孩子也不完全等于生活里我的孩子；里面有一个认为自己很通情达理其实经常抓狂的妈妈，有一个有很多问题、问个不停的小孩。他们在面对同一本书的时候，有完全不同的想法，有时候会形成有趣的对照。妈妈努力理解孩子的世界，孩子想适应大人的游戏规则。

　　同时明仔生活的故事又和他们阅读的故事形成一个有趣的镜像。比如明仔阅读的故事里有一个生气的小孩，明仔也会生气，故事里面是如何解决的？明仔又是如何解决的？阅读影响真实的生活，生活又会折射阅读的影子。

　　谢谢书，让我们能经历的生命不止一次；谢谢孩子，让我们重新踏上返回童年的旅程，让我们理解我们如何成为今天的我们；谢谢你的阅读，文字在你的阅读中得到新的光亮。

2018 年 1 月

● 不是我看到的 ——

如何捕获一只智能宝宝？

于光

　　从前，也不是很久以前啦，有个编辑，她呀每天看书采访，看过的书都变成了墨汁流到纸上变成一篇一篇稿子。有一天啊，她突然发现不知道怎么写了，因为她的脑子都被榨干了，成了一个核桃。

　　怎么办呢？她需要一台智能写稿机。有一天晚上她在床上摆好枕头，床头柜放上香喷喷的牛奶饼干，铺好软乎乎的被子。用这个办法，成功地捕获了一只智能宝宝。在故事里都会"嗖"的一下出来一个宝物。我们的故事里也是这样，"嗖"的一下，也许是"嗖"了好几下，编辑就有了一个智能宝宝。这个宝宝没有说明书，但是会学习，需要妈妈加以训练才能自动生成她需要的文章。

　　于是妈妈编辑每天晚上继续在床上摆好枕头，床头柜放上香喷喷的牛奶饼干，铺好软乎

◆ 你看到的

乎的被子。这样诱惑智能宝宝自动上床定位。接着就需要给智能宝宝投食，投掷各种各样的故事。智能宝宝吃了故事之后，不断长大，会自己讲故事。慢慢地，妈妈编辑有了一个最有用的小帮手。他会回答妈妈编辑的任何问题；会挑出妈妈编辑的差错；会给妈妈编辑讲解看不懂的故事。接下来智能宝宝成功升级换代为小作者，给妈妈编辑编故事。智能宝宝还学会了主动觅食。他学习科学、军事、游戏等各种知识，自动输入了好多好多妈妈编辑不知道的知识，还帮妈妈编辑下载软件。每天，妈妈编辑只需要打开一个显示器，宝宝就能够为她生成各种需要的文件。

现在妈妈编辑和她的智能宝宝合作的产品《你看到的不是我看到的》就在大家的面前。所有不会讲故事的妈妈，请每晚服用一篇故事。极度不会讲故事的爸妈需要加大剂量。只要你会讲故事，你也可以成功捕获并训练你的智能宝宝。训练好了，你就可以听他讲故事了。

——以上文字由智能宝宝生成。

2018 年 1 月

她和她的"八卦"之光

王小柔（作家）

在我还不认识李峥嵘的时候，就听到了她的八卦，因为她私生活没什么内容，所以别人说到她一般压低了声音："你知道李峥嵘吗，她就没让孩子上幼儿园，而且小学也没上重点校。"我当时就觉得，这种小道儿消息太没有含金量了，因为我身边不仅有家财万贯非把孩子送进打工子弟学校的，还有不让孩子上正经学校却直接领庙里去的，所以，这种没有幼儿园履历的事儿实在不具备传播性。很快我就忘了关于她的，稀汤晄水的"流言蜚语"。

有一天，我在《北京晚报》作文版上看到很多孩子针对"家长是否应该陪伴写作业"发表观点，有篇文章观点极其鲜明，写一位什么都不管的妈妈，因为太过真实，显得特别幽默。当时我并不知道李峥嵘的儿子叫什么，可描绘的那个家长怎么这么像李峥嵘呢，我就问"这是你儿子吧？"其实问的时候心里是打着鼓的，对方秒回"这你都能看出来"，算是给了正面回答。

◆ 你看到的

李峥嵘是一个特别敬业的人，整天沉迷于工作之中，一般功成名就的媒体人干着干着就不再往第一线冲了。她不，她依然乐此不疲地采访，希望用自己的时间撞出更多别人精彩的生命故事。比如她坐着地铁去采访，因为途中太投入思考，对自己随身物品心不在焉，快到地方发现包丢在地铁里了。她着急啊，找！终于，包被地铁管理部门找到了，但你得说说包里有什么。李峥嵘说："包里有一片面包，一个采访本，还有一杯奶茶。"后来她又补充："本来我带了两片面包，采访本是夹在两片面包中间的，但我途中太饿，吃了一片，所以现在包里只剩一片面包了。"估计读者看到这，会以为我在用数学题凑字。其实，她当时就那么说的。而她的包里，没有钱，没有电脑，没有值钱的东西，甚至连纸巾都没有。毫无利用价值。翻包的地铁人员都意外了，说一般急着找包的都是因为里面有重要的电子产品，没见过有人包里只有面包奶茶的。

　　为什么找包，李峥嵘说她采访完得吃，因为那边不管饭。丢包无所谓，丢孩子她也能做到运筹帷幄。李峥嵘坚定地认为总有一天自己会把孩子丢了，所以很早她就告诉了光，只要咱俩在地铁里失散了，你坐一站就下来，妈妈会来找你。自从她有了这个想法，她和孩子经常像两个送别的人，彼此目送着，在下一站找来找去。不是为了演习，而是唯靠训练有素，真的失散才把孩子找回来。这样锻炼出来的孩子沉着冷静，处乱不惊。

断断续续李峥嵘和于光的日常对话，都被记录在案，在成长的章节里，你甚至看不出谁是家长，打于光嘴里说出的话越来越睿智，语重心长地开导劝解他妈。李峥嵘很有平常心，也有毅力，她像记录名人名言似的，每天把这些瞬间即逝的情境和对话记下来，记着记着，文档厚了，孩子大了。

我开始对于光同学充满好奇。他不上学的童年是怎么过的？而李峥嵘这个决然不可能是家庭妇女的母亲，又是怎么打发孩子学龄前每天的时光呢？她简单答了一下。让我对这位包里只装面包和奶茶的母亲肃然起敬。李峥嵘回答我的好奇心的时候，先给我发了张图片，说正在航天城的通讯卫星展区和孩子看我国第一颗东方红卫星，并强调不是仿品是实物。我倒不在乎卫星真假，因为我也看不懂这个。她后来说的，吓了我一跳。李峥嵘觉得对孩子要顺应天性，觉得孩子在自己手里比在幼儿园老师手里强。在平衡了工作后，她业余时间就是带着于光奔赴各种博物馆，在大部分孩子排排坐分果果的时候，于光两岁已经从火车博物馆起步，认知世界了。因为于光喜欢机器人，李峥嵘带着他到处蹭公开课，有一年中科院的开放活动，他们去了两次。人家委婉地说，下次把机会也给别人吧。于光不上幼儿园的日子，整天跟着

◆ 你看到的

一个有耐心的老师学习机器人编程。为了找到最适合孩子的英语课，李峥嵘试听了北京二十多家培训机构，市场上最有名的课她全都试听过。四岁开始，为了营造英语环境，李峥嵘在家不怎么说中国话了，光英语绘本买了二千多本，用她那湖南口音的英语给孩子念故事。于光的听力居然就这么给练出来了。

一般家长睡前故事念几页就差不多了，可到李峥嵘这，一晚上十万字起步，我估计孩子睡着了，她还倾情朗读呢，自己过瘾，就跟胎教似的。

于光目前在家门口一所普通学校念书，在人堆儿里发着自己特有的光芒。那束光老师们看不见，它是李峥嵘眼睛里的明媚，她知道它将照亮的地方。

一个用英语和机器人编程铸就童子功的孩子，对于这个世界的探究和发问从未止步。所以，他不惧怕地铁里的迷失，因为总能找到那个解码。而李峥嵘呢，在"八卦"之外安于做一位特立独行的亲妈，给孩子最大的宽容度，也强求着孩子对自己的宽容。他们的故事充满独特的光泽。

2018 年 2 月

生活

Differences We See

妈妈对明仔说："我当妈妈很没有经验，经常因为自己的原因对你发脾气，对不起。"
　　明仔大度地说："没关系，我当宝宝很有经验，你有什么不明白的就问我吧。"

不上幼儿园有多可怕

"为什么不上幼儿园？"凡是听过明仔育儿故事的妈妈无不惊讶。明仔妈妈通常会开玩笑地说："所有的动物都跟着妈妈长大，为什么人类要把自己的幼崽交给别人？"

其实，最初仔妈也铆足了劲儿——舍得一身剐，要把重点学校拉下马。但考察了附近十个幼儿园之后，仔妈的想法改变了。

仔妈问校方三个问题：每天有一个小时自由活动时间吗？每天能有两个小时运动时间吗？提前学小学内容吗？

仔妈还在幼儿园门口随机问家长三个问题：你的孩子早上来幼儿园有笑容吗？你的孩子敢在幼儿园大便吗？上幼儿园以后生病多了还是少了？

没有一个幼儿园能给仔妈一个开心的答案。当然有很好的幼儿园，但需要举家搬迁。于是，仔妈仔爸做了一个决定：明仔不上幼儿园。

关键时刻需要保姆和老人帮忙，大部分时候就是仔妈仔爸轮流带孩子。幸运的是，仔妈仔爸都是做文字工作的，工作时间和地点比较有弹性。比如明仔两个月，仔妈就背着他去各

当别的孩子在幼儿园跟着老师唱歌跳舞，他们就在院子里玩沙子、追逐奔跑。

种书店采访、参观。仔妈仔爸家没有电视机，每天晚上都是看书、讨论，等孩子睡了，大人才开始写稿子。

也常有妈妈问：不上幼儿园会不会不合群？这个问题，请明仔回答吧。他说："上幼儿园才会胆小呢。早被老师吓破了胆。"那你不也得上小学吗？明仔说："长大了，抵抗力强。"

仔妈仔爸的想法呢，不上幼儿园不等于与世隔绝，正好有更多的时间去户外游玩、去各种博物馆参观。没同龄人玩？只要有心，总能找到小朋友。比如明仔在小区里就和很多外来务工子弟的孩子交朋友，他们都不上幼儿园，有大有小，简直就是天然的混龄教育。当别的孩子在幼儿园跟着老师唱歌跳舞，他们就在院子里玩沙子、追逐奔跑。

另外学会独处也很重要。害怕孤独是人类的通病，即使在人群中，内心的孤独依然无法排解。仔妈仔爸常对孩子说，没有人陪你玩儿，也不可怕。再说内向的人就不好吗？其实每个人天生气质不同，乐观热情当然讨人喜欢，而沉静内向、耐得住寂寞也是美好的品性。

不上幼儿园会不会影响上小学？呵呵，不是仔妈瞎说，有数据证明，提前学习小学内容的孩子开始时成绩确实突出，但是三年级后优势就不明显了。再说，接受义务教育是法律赋予每个孩子的权利，怎么可能有学校因为没上幼儿园不收你？

不上幼儿园，最大的特点是什么？

记得小学面试，老师问："你叫什么名字？几岁了？"

明仔说："这是个人信息，不能告诉陌生人。"

老师让他猜谜语："白房子红帐子，里面住个白胖子。"

别人都说是花生。明仔说："弥勒佛。"

用英语介绍自己的家，别的孩子按照书上的例句背诵："我们家有三个人，爸爸妈妈和我，爸爸妈妈爱我，我也爱爸爸妈妈。"明仔却说："我们家很疯，我妈妈很疯，我爸爸很疯，我也很疯，我们全家都很疯。"（My family is crazy, my mum is crazy, my dad is crazy, I am crazy, we are all crazy.）

出来后，老师说："这孩子没上过幼儿园吧。暑假每天练习老老实实坐上40分钟。"

明仔说："没问题，调整到静音模式嘛。"

你看，不上幼儿园的孩子就是这么无所畏惧！有爱，有自由，当然也要有规则！

学造句

　　明仔一直没有上幼儿园，上了一段时间学前班，转过年来就该上小学了，很多朋友都替明仔着急。妈妈的朋友力宏送给明仔一本《名牌小学入学测试》，力宏阿姨对明仔妈妈说："你可不知道现在考个小学有多难，我儿子去年入学考试满满两大张卷子，连四则混合运算都考了。"明仔妈妈说："我连幼儿园都不送，怎么会随波追逐名校？再说名小学是考上的吗？报名登记的时候得填上父母学历、职务还有介绍人，这是考孩子吗？"力宏阿姨教导明仔妈妈："小学总归要上吧？咱也没钱上国际学校、私立学校，家门口的小学也是要考的。"明仔妈妈说那是，不送孩子上小学，还违法呢。我不追求赢在起跑线上，也没说要倒在起跑线上啊。咱也见识见识这名牌小学的入学测试吧。

　　挺厚挺大一本书，比大人职称考试的参考书都扎实。妈妈回家给明仔说咱们玩儿一个游戏，叫作考小学。明仔挺高兴："我当老师你当学生！"妈妈说："是啊，我这个学生有很多问题，你要好好回答。"

　　先看数学思维：射击比赛后，小刚和小明各打了三枪，成绩如下：1环、2环、4环、5环、

不追求赢在起跑线上，也没说要倒在起跑线上啊。

● 不是我看到的 ——

7环、9环。小刚的射击总环数比小明多6环。你知道哪三个成绩是小明的吗？这题妈妈都没有念就直接翻篇儿。一个5岁孩子要会做，还上小学一年级不是太屈才了吗？

再看脑筋急转弯：警察拦住了一辆摩托车，问骑车人：后面的人是你儿子吗？骑车人说：是。警察又问后面坐车的人：前面的是你爸爸吗？后面的人说：不是。请问骑车人是坐车的什么人？

明仔茫然道："什么人？"妈妈甩着长发搔首弄姿："除了爸爸，还有什么人？"明仔迟疑道："妈……妈？"妈妈说："恭喜你答对了！"明仔瞪着煤球大的眼睛："这警察是什么眼神？是爸爸还是妈妈都看不出来？"

翻篇翻篇，争取在语言表达上挣点分吧。妈妈念题："用又……又……造句，比如说妈妈又聪明又漂亮。"明仔说："是编故事吗？"妈妈喝道："造句就是让你说句话！"明仔说："我又要吃柚子。"妈妈说："又和柚子的柚不是一个意思。"明仔说："我还没有说完呢，我又要吃柚子又要吃橘子。"算你过关。

下一题：用"一边……一边……"造句。明仔说："奶牛一边是黑的一边是白的。"妈妈说："题目不是这个意思，比如说你一边唱歌一边跳舞。"明仔说："我一边吃豆子一边放屁。"妈妈说："这么说不像话。"明仔说："我不明白，我说了一句话，你说我意思不对；我意思对了，你又说不像一句话。"妈妈快忍耐不住了："考试的时候不能说屎尿屁！"

看图造句。河边一只小猫在追蝴蝶，水边放着一根钓竿，用"因为……所以……"造句。明仔不假思索地说："因为小猫钓不到鱼所以去抓蝴蝶。"妈妈说："错了！因为小猫抓蝴蝶所以钓不到鱼！"明仔反驳："为什么呢？"妈妈说："你这么说没道理。"明仔继续争辩："为什么钓不到鱼不能去捉蝴蝶？"妈妈说："为什么钓不到鱼？因为抓蝴蝶！"明仔："因为河里没有鱼，北京也不让钓鱼！"妈妈大喝道："因为答案就是这样的！"妈妈挥舞着书砸桌子，书页啪啪乱飞，惊得明仔后退三步。他爸爸跑过来："怎么了？不是玩游戏吗，怎么打起来了？"妈妈拍着桌子说："这小子啥名牌小学也别考了，没法教！爱干吗干吗去吧。"

明仔皱着脸说："我想……我想……"我吼："想干吗？刚才不是八哥似的，现在卡住了？"

明仔叠腿缩肩："那个字不让说……"我挥手："撒尿是吧？赶紧的！"

明仔妈妈颓坐着："将来不知道哪个老师落到你手里——"

图书介绍

● 《名牌小学入学测试》
◆ 明仔阅读年龄：六岁
◆ 明仔语录：小猫钓不到鱼，是因为河里没有鱼，北京也不让钓鱼！

链接图书推荐

● 《启发数学启蒙》系列绘本（[美] 斯图尔特·J. 墨菲 著）

有趣的故事和生动的图画让孩子在游戏中受到数学启蒙。这套书对不同的孩子来讲，可能深浅不一，需要家长提前看看导读手册。

● 《走进奇妙的数学世界（全 3 册）》（[日] 安野光雅 著，李玉珍 译）

数学和艺术的结合，安野光雅的图画精致而带有奇幻色彩，而里面说到的数学原理和概念都是从日常生活入手，风趣幽默。这套书的建议年龄是"4 岁到成人"，书后附有安野光雅亲自撰写的说明文字，对所涉及的数学知识进行详尽的补充，延展性强，具启发性。

妈妈感悟

◆ 阅读没有固定的答案，孩子的阅读畅想完全跳出大人的框框，而且里面不乏真情和真理。所以，阅读的时候，我们可以用故事的开头作为开端，而故事里的结局作为众多结局的一种，听听孩子的思维和想象。

● 不是我看到的

◆

植物僵尸后遗症

◆

　　什么叫流行？流行像病毒一样挡不住！明仔家没有电视机、游戏机、智能手机，就是为了把一切流行文化阻挡在外。可是明仔上学前班没一个月，回来就整天嘟囔着"僵尸僵尸"。原来小孩子们课间都在谈论流行的电脑游戏《植物大战僵尸》，还背着老师掏出收藏的卡片互相比拼生命值。喝蒸馏水长大的跟同伴没有共同语言怎么行？堵不如疏吧。游戏咱们还是不玩儿，替代的方法是弄了一套图画书《植物大战僵尸：武器秘密故事》。这套书是根据游戏的基本元素，由中国儿童文学作家重新编创的，健康励志，老少咸宜。

　　明仔从小看过的名著绘本没有上千，也有好几百了，里面的很多故事他都非常喜欢。但是这流行文化就是猛，看完这套《植物大战僵尸》，明仔就跟猩红热似的烧起来了。

　　每天放学第一件事就是画植物僵尸，好几个小时屁股不挪窝。他画的那些鬼鬼绰绰的东西，还挺受同学欢迎，已经交换了一把铅笔和橡皮。妈妈说："哎呀，你能不能临摹点世界名画呢？比如说这个《向日葵》，说不定能给咱们家换套房子。"

　　明仔很喜欢玩儿角色扮演的游戏，现在所有的角色都成了植物僵尸。比如玩《植物餐厅》。

◆ 你看到的

他让妈妈扮演服务员向日葵，他自己轮番上场扮演各类植物：

明仔（眼皮上贴着两张便签条，上面画着螺旋纹，表示晕晕乎乎的样子）："服务员姐姐，嗯，嗯，我找不到座位了。"

妈妈："您好，您是谁呀？"

明仔："嗯，我是迷糊菇。"

（明仔戴着一个红帽子）

妈妈："这次又是谁呀？"

明仔（粗声粗气）："我是火爆辣椒，我要坐在水池边，因为我的脾气很火爆，随时需要灭火。"

过一会儿又换样子了。

明仔："我是土豆地雷。"

妈妈："你要挨着谁呀？"

明仔："我太危险了，只能安排坐马桶上……"

明仔编的菜单都是炸僵尸、炒僵尸、凉拌僵尸、僵尸烤串，看得妈妈头皮发麻，说："太晚了，要关门歇业了。"他说："不行！这是二十四小时店！"妈妈说："向日葵要求换班休息！"明仔大笑："我们只招聘了你一个服务员！""老板，你太黑了！"

睡前故事也都换成植物僵尸，明仔把老作家编的故事都倒背如流了，开始自己编："今天，豌豆射手的植物游泳池开业了，来了一个冰蘑菇，哗的一下游过去，游泳池全都结冰了。豌豆射手只好把牌子改成：溜冰场。来了一个火爆辣椒，哗的一下滑过去，冰都融化了。豌豆射手只好把牌子又改成：游泳池。来了一个冰蘑菇……"妈妈说你这个故事快赶上"从前有座山山上有个庙了"，明仔说不对，豌豆射手又挂了一个牌子："禁止冰蘑菇和火爆辣椒入内。"

明仔还编了一个向日葵结婚的故事，神长。大概是说向日葵没有武器，想找个人保护。她到处找植物战士。妈妈轮番扮演战士。

妈妈："向日葵，我是坚果，我能保护你！"

明仔："不行，坚果不经咬。"

妈妈："向日葵，我是仙人掌，我能保护你！"

明仔："不行，仙人掌有刺，我们没法抱抱，你会把我的花瓣扎漏的。"

妈妈："向日葵，我是土豆地雷，我能保护你。"

明仔："不行啊，土豆地雷只能使用一次。"

妈妈投降，这么挑剔的向日葵，只好当剩女了。

明仔说那我们换换吧，你当向日葵。

明仔："向日葵，我是机枪射手，我可以多次使用，我还不扎人。"

妈妈："哇，英明神武的机枪射手，帅哥，你愿意和我结婚吗？"

明仔机枪射手："向日葵，我很喜欢你，不过——我已经结婚了。"

妈妈（向日葵）："你和谁结婚了？这里不就我一个女的吗？"

明仔机枪射手："金盏花——因为她很有钱。"

听完这个包袱，妈妈差点儿晕倒：这么一个爱情至上的人教育出的儿子完全挡不住商业社会的侵袭！

妈妈说："你能不能换点儿别的，别整天说植物僵尸。"明仔说："好吧，今天讲一个车车小镇，这里只有车，各种各样的车子。"

这还行，总比僵尸长僵尸短的正常一点儿。明仔继续："每到夜深人静，小镇外面的坟地就发出了怪声，爬出了一辆辆报废小汽车……"好嘛，改"车车大战僵尸"了。

学前班英语老师用自然拼读法教单词，比如"a,a,apple."，学到 z 的时候，别的小朋友都说："z,z,zebra(斑马)."明仔大叫："z,z,zombies(僵尸)！"

学前班英语口语学得挺多，却没有教汉字的书写，明仔基本上还是一文盲。突然有一天，他拿了一记号笔把家半面墙都写上了汉字，豌豆射手、僵尸、冰蘑菇、水兵菇、仙人掌、鬼脸南瓜……笔顺不正确，可是他凭着记忆就像画画一样把字的模样都描了出来。

◆ 你看到的

植物僵尸病继续升级。明仔问妈妈要了一套旧衣服，剪得乱七八糟的尽是窟窿，说要表演节目。妈妈问演什么，《王子与贫儿》？他说是演僵尸。衣服还真不是乱剪，每个破烂地儿都是比着图画书上的僵尸服制造的。明仔兴致勃勃换上那身破烂，拐着内八字脚，甩着下垂的手臂，直眉瞪眼地瘸过来，妈妈看着他假装又残又呆的样子，发急道："你可千万别这样子出门，让微博打拐的拍到，麻烦大了！"

图书介绍_

● "植物大战僵尸之武器秘密故事" 系列丛书（葛冰等 著）

用经典游戏中的造型，重新创作的全新故事。并给角色赋予了不同的个性，可以看成是一个成长故事。

◆ 明仔阅读年龄：六岁

◆ 明仔游戏：角色扮演，成了迷糊菇、火爆辣椒、土豆地雷，妈妈为了配合表演，也是蛮拼的。

链接图书推荐_

● 《植物大战僵尸》之妙语连珠成语漫画（笑江南 绘）

用孩子们熟悉的游戏形象和幽默的故事来讲解成语。

● 《植物大战僵尸》之科学漫画系列（笑江南 绘）

用漫画、问答的形式轻松讲述科普知识。

妈妈感悟_

◆ 事物之所以流行，一定有它的特别之处，所以我们可以小心地尝试一下，一棍子打死的办法不可取。这套书让我领略了漫画书对孩子的吸引力，也得到了大礼包：小家伙会"写"字啦！

● 不是我看到的

性教育

　　琪琪妈神秘兮兮地说："我闺女说你儿子那啥，跟我闺女那啥，还跟男孩子那啥。"这都说些什么什么呀？琪琪妈妈痛心疾首地说："你儿子跟同学说黄段子，还亲我闺女，还亲男同学！"临去沉痛地瞅了明仔妈妈一眼，那架势再不教育，公检法就要介入了。

　　明仔妈妈小时候男女生势不两立，男生在课桌上画一条三八线，女生胳膊肘不小心越界，男生就恶狠狠地撞回去。初一第一个来月经的女生是哭着跑回家的，她以为自己要死了。毫不夸张地说，明仔妈妈直到大学才和异性说话，不懂得自然地和异性交往是一辈子的缺陷。所以一直创造机会让他多和小女孩玩耍，难道过犹不及，6岁就成小流氓了吗？

　　明仔妈妈怀着沉重的心情做了半天功课，装没事人似的跟儿子聊天："明仔，你跟你们班女同学玩吗？"

　　明仔一边摆弄玩具一边说："没空玩啊，下课就那么短时间，女孩都扎堆聊巴拉拉小魔仙。"

　　"你挺喜欢给同学讲故事，最近你是不是讲过一个小动物的故事？"

　　"哈哈，你想听吗？小动物一起玩，小狗说我的名字叫小狗，妈妈叫我小狗狗。小猫说，我的名字叫小猫，妈妈叫我小猫猫。小鸭子说，我叫小鸭，妈妈叫我小鸭鸭。小鸡说，你们聊，我先走了。哈哈哈。"

明仔妈妈忍住笑，严肃地说："以后不能在公开场合说这种笑话了。"

明仔抢着说："我知道，小鸡鸡是小名，大名是……"

妈妈赶紧掐断："大名也不能说！记住，小裤衩小背心遮住的地方都不能随便说，更不能让别人摸。"

"没关系，妈妈你可以摸。"

"不行，你不愿意，妈妈爸爸都不能摸。就算你愿意，爸爸妈妈也要自觉不摸。医生检查的时候，也会有大人在旁边。老师也不能摸。"

"为什么？那是一个假老师吗？"

"真老师也不可以。别人摸了你，你觉得不舒服，一定要告诉妈妈。同样也不要摸别人。"

"知道，手上有细菌。"

"洗了手也不行，因为这是你的隐私部位。你是大孩子了，上厕所洗澡要关门，不能让别人看见，否则就羞羞。"

"没事，我只有一点害羞，不是很害羞。学校的厕所都没有门，我们都排队看同学拉便便呢。"

"记着，别人露出隐私部位，你要转身不看。露出的部分也不可以随便摸，小朋友之间可以牵手，也可以亲脸，但不可以亲嘴。"

"知道，要生孩子才亲嘴。"

明仔妈妈擦了一把汗，"不是这样的，亲嘴不会生出孩子，孩子是怎么来的呢？"

明仔说："知道，小飞象是鸟叼来的，孙悟空是石头缝里蹦出来的，匹诺曹是木头做的，鳄鱼是暴力云做的……"

动画片就这么误人子弟。好吧，这次我们来看点科学的。明仔妈妈在网上找了一段生命诞生的纪录片，从受精卵一直拍到婴儿降生。明仔看得很嗨皮。一个小时后明仔恍然大悟的样子："原来是这么回事，很多小蝌蚪去追一个蛋，最后——我赢了！"

　　这堂课最后，明仔妈妈轻描淡写地提了一句："你和同学玩亲亲了吗？琪琪妈妈说你亲琪琪了，还亲了别的男生。"明仔一副很不被理解的样子："嗨，不是亲亲。我们在玩吹气球，我是打气筒，他们的脸是气球，我给他们对嘴打气！"

图书介绍 _

● 《小威向前冲》([英]艾伦 著 李小强译)

◆ 用幽默的方式表现一个小精子变成小宝宝的过程。下次孩子问你他是怎么来的，就把这本书给他看，他一定会非常高兴，为自己的诞生而自豪。

◆ 明仔阅读年龄：六岁

◆ 明仔语录：很多小蝌蚪去追一个蛋，最后——我赢了！

链接图书推荐 _

● 《小鸡鸡的故事》([日]山本直英 著)

◆ 引导孩子们正确认识男女差别。

● 《乳房的故事》([日]土屋麻由美 著)

◆ 如果大人觉得在公共场合阅读很难，很难避免尴尬，那么就私下里跟孩子共读吧。

妈妈感悟 _

◆ 小孩子真是一个神秘的物种，当你觉得他简单的时候他复杂，而当你觉得他复杂的时候，他偏偏很简单。

为了让孩子吃蔬菜,妈妈可真死了不少脑细胞!

从添辅食起,吃蔬菜就成了老大难。凡是甜味的,西红柿胡萝卜甜豆,明仔都来者不拒;其他的什么白菜油菜卷心菜,他的小舌头总能像个小铁锹似的铲出来。

妈妈也时常学着变点儿花样,什么菜汤、寿司、什锦、丸子,企图瞒天过海蒙混过关。明仔那俩小手哆哆嗦嗦,总能很耐心地把看得见的绿色都择出来。

再大一点,妈妈爸爸觉得可以进行思想教育了。妈妈拿出一堆花花绿绿的书给他讲维生素的重要,明仔频频点头。妈妈问现在你知道为什么要吃蔬菜了吧。明仔说:"我只有一个问题,为什么你们说的有营养的菜都那么难吃呢?垃圾食品就很好吃呢?"

明仔爸忆苦思甜:"儿子啊,你现在是好吃的东西太多了。我小时候连菜都吃不上,成天吃干黄豆——都吃恶心了。"

明仔的眼中有泪光在闪动:"爸爸你太可怜了,以后我把我的菜都让给你!"

妈妈爸爸奉行"己所不欲勿施于人"的策略,自觉减少吃肉,每次吃菜都做出眉开眼笑的样子,很夸张地吧唧嘴。

明仔问："你爸爸小时候也挨过打吗？"
"是啊。用荆条打。不听话要打手心、罚跪。我都没有打过你。"
明仔说："你爸爸的爸爸打你爸爸，你爸爸打你，你没有打我，爸爸你很有进步！
我以后会更好！这就是进化！"

● 不是我看到的

但是！明仔丝毫不为所动，摇着头说："没有用！我看你们吃了这么多蔬菜也没有变成大力水手！"

明仔有一本绘本叫《我绝对绝对不吃番茄》，明仔说："妈妈我比她强多了，我就吃番茄。"故事最后番茄被改名叫"喷水月亮"，那个挑食的小姑娘就一扫而光了。

这样也行？那就实践一下"改名"这一招。

再吃饭的时候，妈夹起一根蔬菜，凶狠地说："绿色大怪物来了！"

明仔张大嘴啊呜一口就把菜全都咬住，跟搅拌机似的开动了磨牙。耶！成功！——慢，怎么嚼了半天，又吐出来了？明仔一口啐在桌上，大无畏地说："怪物全都咬死了！"

妈又给他一筷子菜，说现在你是大嘴花，得把怪物吞下去。明仔放慢了咀嚼速度："我——是——大——嘴——花，我——吃——得——很——慢——"

爸启发："老虎怎么吃的？像老虎一样大口！"

明仔精神一抖："我是老虎！我要吃肉！"

吃菜时间成了戏剧舞台，隔段时间明仔就换一个角色扮演。

大嘴巴是隧道，蔬菜小汽车来了，吃着吃着，隧道关闭了："对不起，交通堵塞！"

大嘴巴是房子，蔬菜包裹来了，吃着吃着，主人拒收了："对不起，地址写错了！"

大嘴巴是痒痒挠，蔬菜需要挠痒痒，挠着挠着，痒痒挠停了："对不起，挠够了。"

大嘴巴是粉碎机，嚼着嚼着，粉碎机停了："对不起，停电了。"

可是如果是肉，一秒钟就会消失。早餐还剩一块午餐肉，明妈和明爸离开了一小会儿，回来收拾碗碟，一看，肉已经没有了。

明爸问明仔："肉呢？"

明仔说："嗯，嗯，小肉肉很孤独，他跑进我的肚子里，找其他肉肉玩耍呢。"

明爸严肃："为什么肉不找爸爸，不找妈妈？"

明仔理直气壮："你们都不在呀！"

妈忍着笑："那这些蔬菜为什么不找你？"

明仔说："嗯，他们是被你们绑架来的，跟我不太熟……"

有一天明妈和明爸单独聊天，研讨为什么孩子不爱吃蔬菜。有一本书从进化的角度谈到了小孩不喜欢吃蔬菜的问题，因为人类的农业历史远比不上狩猎和采摘的历史，在大自然中很多植物是有毒的，只有成熟的果实是甜的，所以孩子们喜欢吃水果而抗拒蔬菜，要他们接受一种蔬菜需要十几次的尝试，所以爸爸妈妈还得耐心一点。

再吃菜的时候，明仔又紧闭嘴巴，妈妈问怎么了？

这次他更理直气壮："因为……进化啊！"

图书介绍 _

● 《我绝对绝对不吃番茄》
（[英]乔尔德 Child L 绘 冯臻 译）
挑食是每个家长都头疼的问题，这个故事解决得非常的巧妙，把番茄想象成喷水月光！
◆ 明仔阅读年龄：五岁
◆ 明仔语录：蔬菜跟我不熟！

链接图书推荐 _

● 《是谁嗯嗯在我的头上》
（[德]维尔纳霍尔茨瓦特 著 方素珍 译）
大便通常让人觉得很恶心，这本书讲得这么有趣，一点也不恶心，应该归功于艺术的感染力。而且巧妙地让小读者认识到不同生物之间的差别。

● 《大卫，不可以》（[美]香农 著 余治莹 译）
一个超级淘气的男孩又是那么的可爱，当妈妈对孩子感到头疼、忍不住发脾气的时候，都应该看一看。

妈妈感悟 _

◆ 读书能不能解决育儿难题？有时候能提供实际可操作的技巧，有时候不能。那阅读有什么用呢？是增进我们对自身、对孩童的理解。至少起到一种情绪舒缓的作用。当我们不把问题当作问题，问题也许就自然消失了。

● 不是我看到的 ——

“能吃比好吃更重要。”

蚯蚓面条、蜗牛沙拉、蚂蚱烧烤，敢不敢来一发？

吃蔬菜是个老大难。明仔尽量放慢动作，咀嚼一小片油菜叶子，还用《玛丽有只小绵羊》的调子哼唧：“白水煮菜太难吃，太难吃呀，太难吃。”

妈妈很不高兴，白灼蔬菜是最健康的做法，小屁孩忒多事！

明仔噘嘴：“为什么不好吃的才健康？好吃的都不健康？”

爸爸以身作则吃光了自己的蔬菜：“你这孩子挑食，扔到野外24小时都活不下去。”

“怎么会！野外我能找到很多好吃的。”明仔是个贝尔迷，他的动植物知识基本上都来自贝尔，“在热带，我可以找椰子树，椰子肉可以当大餐，椰子汁可以当饮料，椰子汁里面的电解质比普通水多，含有的钾比香蕉还多！贝尔告诉我，实际上，椰子汁太洁净了，二战的时候还用来做葡萄糖水给士兵输液！”

这是给椰子汁做广告呢，此处广告位可以出售。

“野外能吃的植物多着呢，笋、木瓜、面包果、仙人掌、苔藓、野莓、蘑菇……”

爸爸说：“不用看书，我就能告诉你，咱们窗外什么能吃，春天的柳树叶、椿树芽，地上的蒲公英，你以为很好吃吗？爷爷奶奶闹饥荒的时候没少吃。好吃？你这都是没挨过饿说出来的话。"

明仔说："知道，野菜乱吃，容易嗝屁。还可以吃烧烤，烤蟋蟀、蚂蚱、知了、蜘蛛、蝎子……"

妈妈做出嫌恶的表情。

"火锅里面的喉咙、肠子，怎么就不觉得恶心呢？"明仔又祭出贝尔牌："贝尔说了，大部分昆虫是优质的蛋白质、碳水化合物和脂肪的来源。蚂蚁的幼虫包含的蛋白质比同样分量的牛肉还多。蚂蚁蛋还被称为昆虫鱼子酱呢，吃起来有一股奶油味，喔喔，听起来就很好吃。白蚁是顶级的应急食品，在野外看见一个白蚁丘，等于到了一家免费的饭店。白蚁烤熟了，酥脆可口，有点榛子味。"明仔一边说一边咽口水。

"白蚁咱们院子里的烂木头上就有，不过，和其他小虫子混在一起。"妈妈说，"恐怕没那么好吃，中国古人就有用蚂蚁做酱的。要是真那么好吃，怎么现在没人吃了？"

明仔说："有一样东西古人吃，现在人也吃。"

"什么？"

"蜜蜂！"

"说反了吧，蜂蜜！"

"没反，在野外找到蜜蜂，你就发财了，蜂蜜可以当甜点，蜜蜂可以烤了当零嘴，蜜蜂的幼虫也可以吃，这些吃起来甜甜的虫子含有大量的矿物质、维生素，特别是维生素 B，我这不是在说双关语（字母 B 的读音和英文的蜜蜂发音相同）。"

爸爸说："咱们这野外的蜂蜜都是人工饲养的，你敢偷吃，不等蜜蜂来蜇你，你就满头包了。"

明仔说："不是人养的虫子也有。前情警告，前方有虫子出没，恶心人士请撤离。"

妈妈说："我不怕恶心，我小时候吃过炒米虫，脆脆的。"

明仔说："你要是在野外不知道怎么打猎，不知道怎么抓鱼，也不知道怎么设陷阱，你肯

● 不是我看到的 ——

定知道怎么挖洞吧，而且你肯定有挖洞工具。"明仔夸张地舞动手掌，"就长在你的胳膊末端。"

明仔绘声绘色继续说："除了南北极，到处都有蚯蚓。南美洲有的地方要生孩子的女人常会吃一点儿蚯蚓来补铁。不过蚯蚓有股土腥味，你可以像挤牙膏一样把它肚子里的土都挤出来。生吃、水煮，都很好吃的。贝尔最喜欢吃蚯蚓煎蛋。"

妈妈捂着嘴，把桌上的鸡蛋番茄意大利通心粉倒掉。

明仔乐不可支："看起来恶心，其实挺好吃的。而且，你不觉得很酷吗？"

爸爸说："酷？你再不吃蔬菜，我马上让你哭！"

明仔拿起一个苹果："爸爸，如果你下次发现苹果里有蛆，不要扔了，烂水果肉不能吃，蛆可以吃，不过不要吃便便里的蛆。"

爸爸呵斥："闭嘴！好好吃饭，不许再说了。"

明仔撇嘴："一个未来的求生专家、终极好汉，就要被你们扼杀了。"

妈妈准备以夷制夷："贝尔说过最有名的话是什么？"

明仔麻溜回答："能吃比好吃更重要。"

爸爸大吼一声："那还不赶紧把你面前的蔬菜吃光！"

明仔用快动作消灭了几片叶子，还剩几片，嗫嚅道："我能留着喂蜗牛吗？"他科学课养了几只大蜗牛。

爸爸说："行呀，看你说的热闹，蜗牛也是名菜。我们等着吃你做的野蒜炖蜗牛。"

周末，明仔真的从微波炉里拿出了一盘蜗牛。

妈妈很惊讶："呀，你真的做了蜗牛？"

明仔得意地说："有一种蜗牛，叫——外卖。"

"那你的蜗牛呢？"

"放了。"明仔调皮地眨眼，"贝尔说，不到迫不得已不要夺走任何一只野生动物的生命，除非你的生命有赖于他的死。"

图书介绍 _

● **《荒野求生生存新视野系列》**（[英]贝尔·格里尔斯 著）

亲历极限技巧，应对绝地挑战。好玩的地球知识，炫酷的极限体验。

◆ 明仔阅读年龄：十岁

◆ 明仔语录：一个未来的求生专家，就要被你们扼杀了！

链接图书推荐 _

● **《去旅行》**

（[法]阿梅莉·卡斯唐等 著 [法]卡米耶·拉杜斯等 绘 焦旸译）

这是一本学习人文地理历史有趣的图画书，由工作生活在英、美、德、意、西、日的专家学者深入当地生活、大量实地考察后编写而成。手绘结合实景图。

妈妈感悟 _

◆ 孩子偏食往往会引发父母的焦虑，其实可以转变一下思维，比如不吃这种菜可以吃另外一种菜，只要总体上营养是均衡的，每一餐提供多样化的饮食，就可以让孩子有一定的自由选择空间，家长也就避免了把餐桌变成战场。

带爸爸过六一

明仔看着日历说："今年六一吃亏了，正好周末，少放了一天假。还要上补习班，这算什么儿童节。"

妈妈说："上足球课、乒乓球课，不都是玩儿吗。"

明仔噘着嘴说："那是上课。自己玩才叫玩儿。"

爸爸说："好吧，这周六可以不上课外班了，爸爸陪你好好玩儿，想玩儿什么，你说！"

明仔欢呼着："黑奴解放啦！我要去划船！"

一家三口背着薯片、巧克力、饮料，各种高热量低蛋白的食品出发了。

公园游船售票处排着两条长龙，妈妈和爸爸分别排不同的队伍，明仔来回在两条队伍里窜，不时汇报："爸爸队还有十二个人！妈妈队还有十五个人！"最后还是妈妈队快，因为爸爸队是电动船，狼多肉少；妈妈队是脚踏船，价格便宜量又足，就是费力气。

颤颤巍巍上了船，爸爸说："现在听我指挥。明仔把救生衣穿上，妈妈把救援电话记下来。明仔坐中间，妈妈和我一起踩。"

上足球课、乒乓球课那是上课，自己玩儿才叫玩儿。

● 不是我看到的

爸爸开始发动双腿，转得好似风车。妈妈的两条腿被动地跟着抽搐。爸爸说："儿子你是船老大，你来掌握方向，现在，听我说，左转十五度，再右转十五度！"明仔哇啦哇啦叫着，前进，九点钟方向！三点钟方向！不好要撞上了，还是爸爸来吧！

爸爸一边踩一边感叹："咱们上次坐船是什么时候，总得是十年前了吧？我们小时候哪有什么公园？第一次听说儿童节，我都已经上大学了。儿子，你说，你有多幸福！"

那个被爸爸羡慕的小家伙抱着手臂翻着下嘴唇："都是爸爸在玩儿，我都没事干。"爸爸说："这事你干得了吗？这比踩单车还累。快，赶紧给我喂点吃的喝的！"爸爸张着嘴跟大鸟似的，明仔一边投食，一边紧着给自己塞点。

在湖上原地转了无数个圈之后，挣扎着靠岸。

爸爸掏出手机："你们往前走，我给你们录像！"妈妈和明仔走了一段，明仔突然说："爸爸，你拍的都是我们的屁股！"爸爸说："我要是到你们前面去拍，不得倒退着走，那多危险。"妈妈说："陪你出来玩儿，把爸爸摔瘸了，不合适。"爸爸说："回头招招手，不好，是逆光，你们往左一点，再左一点，再左！"明仔以爸爸为圆心顺时针转了一圈。

下一个游玩项目是新增的，公园把修剪的树枝废物利用，免费提供给游人做木工。爸爸两眼放光："儿子快去占位子！做木工爸爸可拿手了！"工作人员一边发钉子、胶水，一边嘱咐："每个家庭只能玩三十分钟！那谁的爸爸，小朋友快把他带走，你爸爸已经玩了两个小时了！"

爸爸摩拳擦掌："儿子啊，我像你那么大的时候，用一把小刀就能做陀螺、弹弓、木头枪！"明仔也很激动，挑拣着木头。爸爸大喝："别动！有刺扎手！砂纸磨手！钉子、锯子是你玩的吗？"明仔傻站了一会儿，和另一位儿子蹲地上掘草根。过会儿，捏着个虫子叫："爸爸，蚯蚓！我把它切两段，能变两条蚯蚓吗？"爸爸头也不抬："能！""那切十二截，能变成一个足球队吗？"爸爸没空理他，和另一位父亲比比画画，切磋手艺，互相感叹现在的孩子动手能力太差。

回家的时候，明仔拎着一袋子蚯蚓便便，爸爸抱着一捆木头。

◆ 你看到的

爸爸问："明仔，六一开心吗？"

明仔说："挺开心的。爸爸你开心吗？"

爸爸大方地说："陪孩子玩，再辛苦也是值得的！我们小时候大人才不管你呢。"明仔深情地说："爸爸，你放心，明年六一我还带你来玩！"

链接图书推荐 _

● 《小熊比尔和大熊爸爸》
（[德]莫斯特 文 [德]朔贝尔 图 宁宵宵 译）
温暖的亲子互动故事，大熊爸爸一直给孩子无私和宽容的爱。
◆ 明仔阅读年龄：六岁

● 《14只老鼠全集》（[日]岩村和朗 著 彭懿 译）
画面温暖充满自然气息，老鼠一家就像是一个人类的大家庭，他们在大自然中生活，让我们看到四季的变化和一家人的相亲相爱。

● 《没事，你掉下来我会接住你》
（[英]马克·斯珀林 著 [英]莱茵·马洛 绘）
简短、诗意的文字搭配温暖细腻的插图，展现了每样事物都有人守护，确信自己被"坚固"地爱着。

● 《了不起的爸爸》
（[英]马克斯珀林 著 [法]塞巴斯蒂安布朗 绘 王雪译）
"孩子把父亲看成英雄"这样的时期，其实并不会很久，爸爸一定要珍惜啊，不要辜负了孩子对你深深的爱。

妈妈感悟 _

◆ 每个大人身体里都藏着一个小孩，在孩子渴望长大、融入成人世界的同时，每个大人又希望能够重返童年，因此有时候真的是说不清：是大人带着孩子玩，还是孩子带着大人玩。

学说吉利话

过年前一天妈妈把明仔叫来做游戏——说吉利话。

明仔问："什么叫吉利话？"

"就是好听的。"

明白！明仔兴奋地一会儿把双臂张开拍打："叽叽叽叽"，一会儿把手夹在夹肢窝底下扑腾："可可嘟了嘟——好听吧。"

妈妈按住这个躁动的小鸟，说："不是这个，是好听的——话！"

"为什么要说好听的——话？"

"因为人们相信语言是有魔力的，新的一年听到好听的词语，就会有一个好的开始。"

明仔很兴奋："魔力？我说什么就能有什么？"他眼珠子滴溜转，盘算着说点什么魔咒。

"当然不是！吉利话是表达我们对别人的祝愿，让别人高兴。"

明仔很失望："大人听假话为什么高兴？"

"吉利话不是假话。比如你很爱妈妈，你要用语言说出来，来，先说点甜蜜的话给妈妈听。"

"嗯，妈妈是世界上最甜最甜的糖……"

"哇，小子有潜力，说得太好了。甜一个！"

"……妈妈甜得呀，舔一口就得龋死。"

"停，这一句不能说，不能说'死'！"

明仔修正："甜得呀，吃再多也不长蛀牙。"

"这行，很有创造力，我得记下来。"

爸爸插嘴说："那我是什么？"

明仔说："嗯，没想好爸爸是什么，没有妈妈的时候就找找爸爸。"

爸爸笑道："原来妈妈是木糖醇，爸爸是代糖。"

吉利课继续。拜年的时候对舅舅说什么？

明仔拷贝了一句："恭喜发财，红包拿来！"

"呵呵，不好，舅舅股市套牢，一时半会儿发不了财。惹他想起不高兴的事，你也别想有红包了。"

"什么是股市？"

"一两句话说不清楚，总之就是钱少了。祝他早日解套？算了先不说这个了，想想对外公外婆怎么说？"

明仔："祝你们身体健康，永远不死！"

"停，说了不能说'死'！"

"我没有说死，我说的是——不死。"

把一个自然人教育成社会人需要多大的耐心啊，妈妈耐着性子说："不能出现死这个字，而且不死也是不可能的，没有人永远不死。"

"不是让我说好听的话吗？"

"我让你说吉利话不是说假话。"

"你不是说吉利话不是魔咒不能变成真的吗？"

"吉利话是发自内心的，表达你对别人的美好祝愿。假话是骗人的。"

"我真的发自内心希望外公外婆永远不死，希望爸爸妈妈，还有我自己也永远不死。"

"这是不可能的！"妈妈火了，"我会死的，你爸爸也会死的，外公外婆也会死的。"明仔哇哇哭起来："不要不要！"

爸爸跑出来打圆场："打住打住，还没过年呢，说这么些不吉利的话。你这个当妈的听了那么多年吉利话，大脑皮层就没留下一点儿沟路？教他一点儿正常的大脑能理解的话就行了。"

妈妈说，我就是总在要说吉利话的时候说出一些正常人不能接受的话，告诉你们在我的大脑沟回里有一道最深的沟，就是我五岁那年的大年夜，我说着大人教的话："红红火火红红火火！"不小心摔到了火盆里，棉衣下摆"呼"一下就着了，大人一边使劲踩我的后背，一边嚷嚷："童言无忌童言无忌！"

明仔吉利话小考最后靠打小抄过关。大年夜妈妈给明仔做了一个提词板，用粗大的签字笔写着巨大的"给你们拜年！新年快乐！身体健康！"让他打电话拜年的时候依葫芦画瓢照着念。

正月，带孩子出门拜年，明仔高高兴兴带着提词板，妈赶紧抢下来，这可不行，你不能当着人面照纸说。明仔不理解："真奇怪，为什么不让人看见就可以照纸念？"妈妈直挠头，怎么那么多为什么？

"这个词用不上了，我们要换词了，我们要去看妈妈的一个老朋友，阿姨快生小宝宝了，她会问你是男孩还是女孩。"

"为什么？"

"因为他们相信小孩有天眼，能看见是男孩还是女孩。"

明仔惊讶："真的？我有这本事？"

妈妈说："你不管看得见看不见，都要说是男孩。"

"啊，又要我骗人？"

"不是骗人，是说吉利话。因为他们认为男孩比女孩好，当然实际上男孩和女孩一样好。"

"那说双胞胎，这句话吉利吗？"

孺子可教，大吉大利。

见面，朋友很高兴，搂着明仔问："你有没有发现阿姨变了？"

明仔哈哈大笑："阿姨肚子好胖！我知道里面藏了宝宝！"

朋友也哈哈大笑："好，你看看阿姨的肚子像什么？"

明仔左右看看："像个球，橄榄球。"

朋友说："好，男尖女圆。"又问："你喜欢弟弟还是妹妹？"

明仔很痛快地回答："我喜欢小狗！"

图书介绍

● 《猜猜我有多爱你》（[爱尔兰] 山姆·麦克布雷尼 著 梅子涵 译）
妈妈们一定会很喜欢，可以一起来练习怎样表达自己的爱。适合作睡前故事读物。
◆ 明仔阅读年龄：四岁
◆ 明仔游戏：假设情景，学说吉利话。

链接图书推荐

● 《晚安，猫头鹰》（[美] 佩特·哈群斯 著）
超级有趣的睡前故事，猫头鹰想睡觉了，可是白天总是有那么多的声音，各种各样的鸟叫。啊，夜幕终于降临了，所有的鸟都睡觉了，可是这时候又是谁在大声嚷嚷呢？

妈妈感悟

◆ 我们常常教育孩子说真话，但是并不是每一句真话都会让人愉快，因此想要说出真诚而让人愉快的话，是需要不断练习的。

● 不是我看到的

◆

给长袜子皮皮过 70 岁生日

◆

"皮皮七十岁了！我们要去瑞典大使馆给皮皮过生日！"妈妈大声宣布。

"为什么要去瑞典大使馆？"明仔问。

"因为她是瑞典人呀。"

"会有马吗？皮皮的生日'趴体'是有马和猴子的。"想到有马和猴子参加的生日"趴体"，明仔很激动。

"应该会有吧。"

在公共汽车上，妈妈跟明仔说："想想看，等皮皮一百岁的时候，你带你的孩子给皮皮过生日，你可以跟她说，我小时候和妈妈一起给皮皮过七十岁生日呢。"

"一百岁！皮皮都老死了吧。"

"不一定，上次我们还给 110 岁的周有光爷爷过生日呢。"

"好吧，希望那时候皮皮的马还没有老得走不动。"

进到大使馆，果然有一匹白色的马雕像。

妈妈问："什么样的读书活动你觉得好玩？"
明仔说："让小孩子上去玩的活动好玩，只听大人讲话的不好玩。"

● 不是我看到的 ——

明仔指着马大笑说："我就说马太老了，真的马老得没有办法坐飞机了。"

很奇怪，明仔并没有问为什么皮皮没有来。可能他觉得皮皮七十岁了，也老得没有办法坐飞机了吧。

大使馆正好是国庆日，人山人海。有人在发氢气球。明仔领了两个，让妈妈帮他捆在衣领上。"我个子小，等下你看不见我，就找气球。"

"可是这么多气球，哪个才是你呢？"

明仔又拿下来，用马克笔画了两个笑脸，"这是皮皮。有皮皮的气球就是我啦。"

在皮皮乐园，只要完成五个游戏，就可以赢得五个皮皮贴纸，然后换礼物。

首先在一张大白布上画画。

明仔问："一定要画皮皮吗？"

穿着皮皮 T 恤衫的工作人员说，不一定。

明仔歪着头想了想，画了一个猴子。

妈妈问他为什么不画皮皮？

"这上面画的都是皮皮。给她一个猴子。"

接着站在镂空的皮皮纸板后面合影。

"一二三，茄子！不行，你闭眼睛了。再来，又吐舌头。再来一次。又做鬼脸！"工作人员要抓狂，"算了，这么多小朋友排队，给你一张贴纸吧。"

故事区，和妈妈爸爸读一个故事就可以得到贴纸。明仔自己会念了："一位很小很小的姑娘举着一匹大马走了过来，那马是活的。她叫长袜子皮皮，力大无比，全世界没有一个警察像她那样强壮。她还很有钱，有满满一大口袋金币。她孤零零的一个人住在那里，仅有的一匹马和一个小猴子也住在那里。她没有妈妈，也没有爸爸，不过她认为这样很不错，因为当她玩儿得最开心的时候，就不会有人叫她去睡觉，她想干什么就干什么。"

明仔说："这多好呀，小朋友都喜欢皮皮。"

◆ 你看到的

妈妈说："我也喜欢皮皮。"

明仔说："我是真的喜欢，你是假的。皮皮吃饭的时候，趴在桌子上，把饭放在椅子上。我也喜欢呀，可是你一准气得发疯。"

妈妈说："行了，坐好。"

还有一个游戏是敲糖罐。敲破了纸糖罐，糖就会漏出来。工作人员说，轻一点，轻一点。只能敲一下。

明仔说："轻一点，糖罐就破不了。"

"可是糖罐破了，别的小朋友就玩不了了。"

明仔："糖罐不破，我们就吃不到糖。"

"最后，最后，会让你们敲破。"工作人员说。

明仔："最后是什么时候？"

"等一下等一下。"

"一下是多久？一个萝卜蹲？"

工作人员告饶："你先拿走这个贴纸换礼物去吧。你老守在这里，我头好痛。"

妈妈把明仔拖走，明仔还扭头喊："那我帮你拿着糖罐，你休息去吧。"

攒够了五个贴纸，明仔换到了一个皮皮的茶杯。他非常高兴。

这时妈妈遇到了这套书的策划——画家缪惟，一起寒暄。

明仔问："叔叔你领了礼物吗？"

"没有。"

"我知道你为什么没有礼物，你的贴纸不够。"

明仔把自己身上的贴纸撕下来，贴在缪惟身上："好啦，你可以去领礼物了。"

画家笑："我是大人，礼物只给小朋友。"

明仔眼珠一转："我把我的礼物给你。我还可以去赢。"

画家说："谢谢你。"

妈妈俯身悄声说："别闹了，这些游戏和礼物都是叔叔和他的同事准备的。"

"啊？是皮皮让他们准备的？皮皮会给他们留一份礼物吗？"

"是的，会的。"

这时候一个电视台的记者，扛着摄像机过来，"小朋友，你喜欢皮皮吗？"

明仔说："还行。"

"喜欢她什么？"

"疯。特别疯。她疯的时候，不会有人叫她去睡觉。"

记者很高兴："你可不可以对着摄像机大声说：我喜欢皮皮，因为她像我一样淘气。"

"行！"

记者说："你先把气球拿开，气球挡住了你的脸。"

明仔说："不行，我是未成年人，我怕你忘了给我打上马赛克。"

"我保证给你打上马赛克！一二三，开始！"

明仔用敲锣的声音喊："我喜欢皮皮，因为她像你一样淘气！"

"停！"记者停机，"说错了，是像你一样淘气。再来。"

"我喜欢皮皮！因为她像采访我的阿姨 样淘气！"

记者怒："好好说！最后一次！"

"不说了，你找别人吧，我又不是遥控机器人。"明仔扭屁股走人，两个气球一抖一抖。

妈妈赶紧跟摄影记者道歉，又去追明仔。两个氢气球已经跑到砸糖罐的地方，工作人员同意开砸，明仔挥动棒球棍，一杆进洞，糖漏了一地。小朋友都去抢。明仔也捡了两个。他找到缪惟，把一个糖塞到他手里。妈妈远远地看见，一大一小，一人叼一根棒棒糖，在皮皮的背景墙下笑。

图书介绍

● 《长袜子皮皮》（[瑞典]林格伦 著 李之义 译）

我个人并不是很喜欢皮皮，因为她实在是太野了，但是无法否认这本书在儿童文学史上的重要的意义。

◆ 明仔阅读年龄：九岁

◆ 明仔语录：我喜欢皮皮！因为她像采访我的阿姨一样淘气！

链接图书推荐

● 《淘气包埃米尔》（[瑞典]林格伦 著 李之义 译）

大家都说他是淘气包，其实他是一个大英雄。

妈妈感悟

◆ 我们希望孩子保持自由的天性，却又常常要他们做一个听话的乖孩子。如何真正尊重孩子，又要让他们适应社会的规范，这是大人要学习的一课。

● 不是我看到的 ——

妈妈不见了

每个妈妈都有一个噩梦——一转身孩子不见了。而每个孩子也有一个最大的恐惧——妈妈不见了。孩子丢失，除了人贩子生抢、防不胜防之外，基本上就是家长脑子里那根弦绷得不够紧。

明仔小时候曾经丢过一次。那是他四岁的时候，妈妈带他去公园玩耍。因为是家门口的公园，人也不多，明仔蹦蹦跳跳，妈妈很放松地在一边看报纸。一位老奶奶坐着轮椅过来，推着她的是一个中年大叔。大叔扶着奶奶从轮椅上下来，坐在长椅上休息。明仔很好奇地围着轮椅东问西问，大叔笑眯眯地解答着。这时妈妈的手机响了，妈妈转身接电话，一边应答一边还用余光瞟着明仔。几乎就是一低头的工夫，妈妈眼前一片空白——明仔不见了，大叔不见了，轮椅也不见了。妈妈大喊着明仔明仔！没有回音。妈妈哑着嗓子追问老奶奶："孩子呢？你看见孩子了吗？"奶奶笑着："你说什么？我听不见！"妈妈大喊："孩子！孩子！推你的人是谁？"老奶奶还是笑着："我听不见！"妈妈都快吓瘫了，路过的人准备报警的时候，大叔推着明仔绕回来了。妈妈把明仔揪下来，惊魂未定："你怎么不说一声，就跟着陌生人走？"明仔一点

明仔大笑着抱住旁边的售货机："不好啦，我现在被售货机绑架了！需要十元解救！"

● 不是我看到的 ——

也不慌张地说："轮椅是老奶奶的，老奶奶是叔叔的妈妈，叔叔不可能不要他妈妈了。叔叔带我转一圈，我们肯定会回来找自己的妈妈的。"

回家以后，爸爸说："你们俩，一个是贼胆大，一个是心思粗。明仔，你摊上这么缺乏安全意识的妈妈，可得自己长点儿心眼呀。"

家里反正有很多训练求生的书，陆陆续续看了不少。书本要和实践相结合，比如不能跟陌生人走，不要陌生人的玩具。练习一下："我这里有好吃的糖，你要不要？"明仔坚定地说："不要！吃糖长蛀牙！""那，我这里有 iPad，里面有最新的游戏，想不想玩？"明仔说："给我看看！"完了，这么容易就上当了。

明仔每到一个地方，妈妈爸爸就带他玩寻宝游戏——寻找安全出口，寻找穿制服的大人。爸爸说："求生的基本原则是相似的，不要惊慌！寻找安全通道！积极自救！"

有一次坐地铁，妈妈上厕所，让明仔在门口等。列车进站了，妈妈急急忙忙跑出来，明仔一边往车厢冲一边喊着"妈妈快点！"车门咔嚓关闭了。妈妈绝望地追着列车，车窗上明仔的小脸越来越远。妈妈焦急地坐着下一班列车赶到第二站，一出来就看见明仔坐在站台工作人员身边。明仔还挺高兴的："妈妈，你是故意的吗？想让我练习一下列车求生？"妈妈曾经和明仔假设过：如果孩子上了列车，家长没有上，孩子就在第二站下来，等着家长。如果家长上了列车，孩子落下了，孩子就站在原地等家长，而且要就近找穿制服的工作人员帮助。妈妈哭笑不得："当然不是！纯属意外。但是你做得很棒！成功逃生！"明仔大笑着抱住旁边的售货机："不好啦，我现在被售货机绑架了！需要十元解救！"

超市、商场对孩子来说也是一个迷宫，电梯、购物车、货架，无不隐藏着危险。明仔有一次就在超市陷入了危机。明仔看见有华夫饼试吃，要了一块，往收银台走的时候，突然想回头买华夫饼，妈妈说你去拿吧，我马上跟着你过来。明仔个子矮，像小泥鳅一样钻进了货架，一下不见了。妈妈追到卖华夫饼的地方，促销员说确实有一个小孩过来拿了饼干又走了。妈妈绕着货架大喊大叫，可惜声音全被超市促销的喇叭声淹没了。妈妈最后只有一招了，那就

◆ 你看到的

是去找商场办公室，广播寻人。妈妈往出走，明仔赫然站在收银处，正在吃饼干。

妈妈一把抱住他："你真棒，没有到处走！"明仔说："我回头发现妈妈不见了，就顺着地板上的黄色指示箭头走到了收银台。我没有付钱就把饼干吃了，商场保安肯定不会放我走的，所以他们会严密监视我，我就安全了。"

图书介绍 _

● 《汤姆走丢了》（[法]马斯尼 文 [法]巴文 图 梅莉 译）
这个故事可以用来导演安全小戏剧，跟孩子在家里边讲边练习。
◆ 明仔阅读年龄：五岁
◆ 明仔练习：寻找安全出口、寻找穿制服的大人。

链接图书推荐 _

● 《学会爱自己》（[美]克雷文 著 [美]柏斯玛 绘 刘敏 译）
认可自己、接纳自己，不仅是对孩子，对大人来讲也是要补的一课。

● 《我不跟你走》（[德]达柯玛尔·盖斯勒 著）
使用，练起来，学习自我保护。

妈妈感悟 _

◆ 孩子是天真无邪的，但是环境中难免会有不安全的因素，我们有责任告诉孩子如何自我保护，在游戏中学习各种求生的技能。

● 不是我看到的 ——

男孩的理想是当最好的妈妈

明仔 3 岁的时候和妈妈玩过家家的游戏。他挎着一个包，假装出门，对妈妈说："宝宝乖，和妈妈说再见！"

假装宝宝的妈妈赶紧纠正他："爸爸，再见！"

明仔语气坚定："不，我是妈妈！"

妈妈笑着说："你是男孩子，你长大了只能当爸爸。"

明仔很生气："我就要当妈妈！"

也许是妈妈和明仔在一起的时间比较多，明仔认为照顾孩子的人就是"妈妈"吧。在他心目中，"妈妈"代表食物、安全、拥抱和亲亲。

现在明仔已经是小学生了，当然他早就知道自己只能成为"爸爸"了。爸爸很多时候和妈妈是不一样的，代表更多的要求和规则。比如爸爸总是要明仔去锻炼身体，跑步、快走、打球。明仔问为什么要那么快，为什么不能慢慢溜达。

爸爸说："原始人每天长途跋涉好几个小时追踪猎物，像你这么不爱动的就要被大自然淘汰了。"

明仔撇嘴："像你那样横冲直撞，什么动物都打不到！"

爸爸说："你要是当爸爸了，遇到这么一个不爱运动的儿子怎么办？"

明仔说："我？会想出很多办法和他玩，一边玩儿一边学男子汉要学的一切——就像小熊和最好的爸爸！"

《小熊和最好的爸爸》是一套荷兰绘本故事，北京阅读季期间作者来了北京。那天在书店，好多的爸爸带着孩子来参加活动。明仔没有凑上去学画画，他觉得自己是大男孩了，围着画家的都是一些小豆包。不过，他一个人悄悄把全套书都看完了，回来对爸爸说："我要给你讲一讲小熊和他爸爸，你懂我意思吧。"

爸爸说："好，我听听。"

明仔说："这个小熊爸爸特别好，从来不发脾气，总是和小熊一起玩，教给小熊各种本事。"

爸爸放下手上的工作，问："是不是小熊很听话呢？"

"没有啊，熊到了冬天不是要冬眠吗，小熊不肯睡觉，偷偷溜出去玩，他爸爸也没有生气。回来以后搂着他继续睡觉，还说睡觉起来以后去抓鱼。"

明仔爸爸伸出一根手指在空中指点，说："你可不能不告诉家长自己溜出去！你不记得了，你小时候不睡觉，爸爸抱着你在楼下不停地溜达，你瞪着眼睛看星星、看树叶，慢慢地眼皮合上了，爸爸才抱着你回家睡觉。"

明仔说："爸爸你真好，你现在也要像以前一样耐心。"

爸爸说："还可以吧。你上次要睡地上，我虽然不同意，不也让你尝试了一晚上吗？半夜里你自己爬起来说硌得慌，回床上去了。你看小熊爸爸也不是什么都依着他，他要走危险的桥，他爸爸就把他拎起来抓走了。"

明仔点头："嗯，爸爸不让他做的事情也是在保护他。"

在一旁听故事的妈妈插嘴："奇怪，这个故事从头到尾怎么就没有妈妈呢？"

● 不是我看到的

爸爸说："可能他爸爸妈妈离婚了吧，这是一个单亲爸爸的故事。"

明仔说："不对，他妈妈可能上班去了，他爸爸在家工作。再说书名叫作小熊和爸爸，如果写妈妈的就该叫小熊和妈妈了。"

妈妈笑了，"如果小熊、爸爸、妈妈都写了呢？"

明仔道："那不是莱恩熊一家嘛。"

爸爸说："嗯。关于这本书，我还有一点儿想法。书名叫'小熊和最好的爸爸'，孩子小时候会有一个阶段觉得爸爸很了不起，什么都会干，连大灰狼都不怕，这套故事大概就是表现孩子这个阶段。但是，我告诉你一个秘密，在你小的时候，你觉得只要爸爸和你在一起玩，就是最好的爸爸。但是，慢慢地，你会对爸爸有更多的要求，会嘀咕：老头子什么也不懂！你可能会想写一本书：'小熊和最糟糕的爸爸'。"

明仔大笑："我现在就不觉得你是最好的爸爸。"

爸爸摇头说："儿子呀，你要知足啊，你知道世界上有几百万孩子在没有父亲陪伴的环境下长大。我小时候哪敢说爸爸不好？大棍子伺候！"

明仔问："你爸爸小时候也挨过打吗？"

"是啊。用荆条打。不听话要打手心、罚跪。我都没有打过你。"

明仔说："你爸爸的爸爸打你爸爸，你爸爸打你，你没有打我，爸爸你很有进步！我以后会更好！这就是进化！"

● 《小熊和最好的爸爸》

（[荷兰]丹姆 著 亚历克斯·沃尔夫 图 漆仰平 爱桐 译）

爱，就是始终不渝的相信和巧妙的支持。这套书应该让爸爸和孩子一起看，如果爸爸太累了，就让会识字的孩子念给爸爸听吧。

◆ 明仔阅读年龄：九岁

◆ 明仔游戏：给爸爸讲故事。

链接图书推荐 _

● 《逃家小兔》（[美]布朗 文 [美]赫德 绘 黄毓 译）

一个温馨的睡前故事。一只想要离家出走的小兔，和妈妈玩语言捉迷藏。不管他逃到哪里变成什么，妈妈总能找到他。

● 《我爸爸》（[英]安东尼·布朗 著 余治莹 译）

孩子看得都好开心，不过我看流泪了。如果让我教孩子作文的话，写《我爸爸》，一定会用这个做范文。

● 《大大行，我也行》（[英]贝斯·苏珊 著 林昕 译）

在孩子心中爸爸就是英雄，而且一定要像爸爸一样，爸爸能做的，我也能做！

妈妈感悟 _

◆ 通常是妈妈跟孩子互动比较多，但是父亲在亲子教育中的作用也是不可忽视的，大多数家庭的父亲承担着赚钱养家的任务，和孩子相处的时间比较短暂。但是请记得，亲子关系的好坏不在于时间的长短，而在于相伴的质量。

● 不是我看到的 ——

搞笑小侦探

明仔有很多理想，比如当一个巧克力试吃员、玩具试玩员，最近想当一个搞笑侦探。妈妈问："侦探就侦探，为什么是搞笑的？"

明仔用食指和大拇指比画了一个八字，摆在下巴底下，很酷很傻的样子："搞笑侦探比较适合改编成漫画！"

很多孩子喜欢看《哈利·波特》，那你知道《哈利·波特》的作者 J. K. 罗琳小时候最爱的书是什么？哈哈，原来是《世界第一少年侦探团》（《The Famous Five》）！《世界第一少年侦探团》里有四个性格迥异的孩子和一条狗，初次相遇时互不理睬，不过经历了废弃地牢、庄园密室、神秘古堡、古怪马戏团……各种冒险后，成为忠诚的朋友。

看了《世界第一少年侦探团》里的小侦探从墙壁里进入密道，大战不法之徒，明仔很兴奋，没事就拿把锤子敲家里墙壁。妈妈说："歇着吧你，咱们这种公寓楼是不可能有密道的，敲破了就进到隔壁家。"

明仔说："墙壁之间也许有呢，窄窄的，你太胖进不去，我挤挤没问题！"

明仔说："线索就是便便！兔子边吃边拉，
只要屎壳郎没有毁灭证据，我肯定能跟踪它的便便找到它的家！"

● 不是我看到的 ——

妈妈笑问："那你希望能找到什么呢？""游戏攻略！平板电脑！"

妈妈问他，如果在《世界第一少年侦探团》这个故事里，你想扮演里面哪个角色？是当领袖老大，机智的老二，或者甜美的安妮，还是假小子乔治？

明仔说："小狗蒂米！"

"为什么呢？"

明仔说："虽然小狗是配角，但是当所有人都被抓住了，都是小狗来救他们。"

"可是小狗没有台词呀。"

"怎么没有？"他张牙舞爪："汪汪——"

明仔还总结了要成为侦探的三大条件：第一，要学会野外生存技能，经常被困在荒岛，没吃没喝；第二，要跑得快，歹徒都是大人，打不过就得跑；第三，要保护视力，因为经常晚上跟踪歹徒，视力不好就掉沟里了！

和《世界第一少年侦探团》的虚构冒险不同，《大侦探内特》可以说是一个生活推理故事，里面的侦探是一个观察能力特别敏锐的小男孩，委托他办案的也是小男孩小女孩，要解决的问题就是寻找生活丢失的东西。都有一些什么稀奇古怪的案子呢？寻找一棵丢失的野草、失踪的宠物大赛奖品、被偷走的塑胶八爪鱼、帮迷路的乌龟找主人……

明仔总结说大侦探内特有几大优点：首先，内特非常有礼貌，每次出门破案都会给妈妈留一张字条，无论什么时候小朋友有求于他，他都马上行动。其次，内特非常自信，他的口头禅就是："我，大侦探内特"，没有什么谜案能难倒他。第三，内特把破案和休息结合得很好，每次破不了案，就给自己倒一杯牛奶和做一块煎饼，吃饱喝足了，灵感也来了。

他看了《大侦探内特》以后，在班上也自诩为大侦探，常常自告奋勇帮同学们找东西。比如谁的铅笔丢失了，他就会像内特一样问："你最后一次看到你的铅笔是什么时候？在什么地方？""你说这是你的铅笔，你有什么证人证据？"

有一次，两个同学争执一支签字笔的归属，都说这支笔属于自己。明仔拿着笔看了一会儿，问："笔有什么特点？"两个人说的都一样。

又问："你有证人吗？"都没有。

"有什么标记吗？"都没有。

明仔问了最后一个问题："你什么时候买的笔？"一个说三个月前，一个说这个月。明仔说，真相只有一个——这支笔属于三个月之前的！

另一个被剥夺了所有权的同学不服气地问："你有什么证据？"

明仔说："证据就是——这支笔的水都用了一半了，不可能是新买的。"

为了减少此类案件的发生，明仔向老师建议，每个同学都在铅笔上贴上自己的名字。建议被采纳后，他就失业了。

没有人委托办案，小侦探明仔自己找案子。昨天在楼下发现一只蹦蹦跳跳的兔子，他准备帮兔子找主人。明仔趴在地上，有时用放大镜看，有时用鼻子闻。

妈妈问他有没有找到什么重要线索。

明仔说："线索就是便便！兔子边吃边拉，只要屎壳郎没有毁灭证据，我肯定能跟踪它的便便找到它的家！"

图书介绍

● 《世界第一少年侦探团》（第一辑全5册）
（［英］伊妮德·布莱顿 著）
《哈利·波特》的作者 J. K. 罗琳小时候最喜欢看的一套书。侦探故事写得这样的惊险曲折、温暖有爱、引人入胜也是不多的。

● 《大侦探内特》（［美］玛乔丽·温曼·沙麦特 著）
一个很酷的小侦探和出乎意料的侦探故事。在熟悉的生活场景中锻炼严谨的逻辑。
◆ 明仔阅读年龄：九岁
◆ 明仔游戏：寻找失踪铅笔！

妈妈感悟

◆ 捉迷藏是孩子很小就喜欢的游戏，而侦探故事其实是在头脑中玩儿的捉迷藏，孩子根据提供的线索找出谜底，解谜的过程就是一种头脑体操。

◆

医生，说实话，你要对我干吗？

◆

"埃利斯拉下睡裤，医生弯腰看疖子，'可真顽固，我们得对他做点什么，你说对吗？'埃利斯发抖地问道：'你要做什么呢？''你没什么要担心的，'医生说，'你只要躺下来别管我。'"

明仔一边听妈妈讲故事，一边等待医生叫号。

满墙都是卡通，但是旁边的孩子没有一个脸上有笑容。因为这里不是游乐场而是医院的候诊厅。明仔也在等待之列。他很少上医院，还没怎么领教过医生的厉害，好奇地四处张望。

一个小姑娘像一只树袋熊一样紧紧吊在妈妈身上，可怜兮兮呻吟道："不要打针！不要打针！"她妈妈疲倦地重复："不打针不打针！"过了一会儿，小姑娘被捉将进去，明仔透过半开的门看到，小姑娘四肢向不同方向挣扎扭动，呻吟变成尖叫："不要不要！"她妈妈的甜言蜜语开始狂躁："不打！不打！"同时很利落地脱掉她的外套，露出小手臂，医生手起针落，小姑娘炸裂般地惨叫。妈妈还在一边甜言蜜语："一点儿也不疼一点儿也不疼。"

明仔看得眼皮都在跳。

妈妈问："你觉得很可怕吗？""太可怕了，不是打针可怕，是家长骗人可怕。"

"放心，妈妈不会骗你，你很小的时候，大概几个月吧，我带你去打预防针，你开始还很高兴，笑嘻嘻地看着医生消毒，医生让我蒙上你的眼睛。你躲开我的手，瞪着大眼睛看着医生装药扎针，针扎下去，你的嘴就瘪了。"

明仔说："嘿，开始你说打针，我肯定是以为揍一个叫针的东西，当然高兴啦。结果不是打针，是针打我！"

"所以，我们每次去医院都会把大概的流程告诉你。让你对接下来发生的事情有一个预期。别听那些孩子惨叫了，我们继续讲故事吧。"

因为预计要等待很长时间，妈妈带了一本书和明仔一起看。这是美国著名奇幻作家达尔的自传《好小子——童年故事》。达尔的《查理和巧克力工厂》《了不起的狐狸爸爸》《詹姆斯和大仙桃》，明仔都很喜欢，但是最喜欢《好小子——童年故事》。知道一个写幻想故事的作家如何长大，让他觉得很亲切。

正在读的这一章，是写达尔 10 岁的时候，在寄宿学校生病了，亲眼看到一个医生割他病友——7 岁男孩埃利斯的疖子，魂都吓出来了。

"医生把打开的毛巾摊在埃利斯的脸上，几乎与此同时，他伸出右臂，把解剖刀插进那巨大疖子的中心。他把刀片很快地一划，那倒霉孩子还没来得及把头挣脱毛巾，他已经把刀拿开了。埃利斯叫得像一只被捅了一刀的猪。我看到他挣扎着要甩掉毛巾，当他的脸露出来的时候，泪水哗哗地流下他的脸颊，他那双棕色的大眼睛死死盯着医生，那副模样真是咬牙切齿，气到了极点。"

明仔也气得发抖，"大人为什么要撒谎？要是医生说没事没事，然后蒙着你的脸，拿把刀子扑过来，你会高兴吗？"

妈妈说："啊，达尔上小学是在二战以前，那时候的英国学校和医生都是非常严厉的。现在不会这样了。"

明仔说："骗人，那里又有一个骗人的妈妈和姥姥。"

● 不是我看到的 ——

一个刚领了药水的妈妈抱着宝宝，宝宝拼命把头扭开，但只是徒劳，姥姥捏着她的嘴，往她嘴里灌一种粉色的药水："很好吃的，这是酸奶，草莓味酸奶，真好吃呀。"还做出啧啧声。

明仔大声说："骗人。"

妈妈阻止他："要是姥姥不骗他，宝宝就不肯喝。"

明仔说："那就是药水，又苦又涩，我喝过，还假装又酸又甜，根本就是怪物史莱克假装小黄人，卖萌仔装萌！假萌！"

妈妈说："我不骗你，也不让医生骗你。行了吧。轮到你了。"

明仔是恒牙长出来了，乳牙还没有掉，需要医生帮忙拔掉。

明仔躺上去以后就对医生说："不要蒙我的眼睛。"

医生说："张嘴。需要打点麻药。"

明仔说："不要打针，有一种涂的麻药，像冰淇淋，凉凉的。"

医生说："呦，你知道的还不少。"

明仔说："来之前，我上网查过了。"

医生说："网上有没有告诉你，你这牙还很结实？涂的麻药劲不够大，还得打针，我保证让你看着，就扎一下，不疼，跟蚊子咬似的。"医生麻利打了一针，"扑哧"把乳牙拔了。

明仔叫道："这也算蚊子咬？这是北极能叮死人的蚊子吗？"

医生说："行啦，就你话多。"

明仔塞了一嘴棉花出来了。

地铁站又遇到刚才那个不要打针的小姑娘，还在哼唧不要打针不要打针。她妈妈说，这又不是医院，打什么针。女孩哼唧不要打针不要打针。妈妈怒了："再说再说，给你打一针！"

明仔把棉花吐出来："太可怜了，她被吓得看见穿制服的地铁工作人员都以为是医生。"

图书介绍 _

● 《好小子 —— 童年故事》
（[挪威]罗尔德·达尔 [英]昆廷·布莱克 绘 任溶溶 译）
著名作家罗尔德·达尔的成长故事，他毫不避讳地写出了小时候上寄宿学校的寂寞孤独、被校长体罚的恐惧，还有孩子之间那些淘气而不失童真的游戏，以及遭遇校园欺凌时如何用读书来慰藉自己。全书幽默温暖。
◆ 明仔阅读年龄：五岁到九岁
◆ 明仔语录：大人为什么要撒谎？

链接图书推荐 _

● 《罗尔德·达尔作品》（[英]罗尔德·达尔 著）
达尔所有的作品我都很喜欢，我认为都值得推荐。他非常大胆写出世间的黑暗，他把童年所遇到过的那些可怕的老师都变成了巫婆，而那些勇敢的孩子、爱读书的孩子最终都会有一个美好的结局，给我们无限希望。

● 《鳄鱼怕怕 牙医怕怕》（[日]五味太郎 著）
凶狠的鳄鱼害怕牙医，但是牙医也很害怕鳄鱼呀。这个故事切合孩子害怕就医的心理，在幽默中巧妙地让孩子学会换位思考。

● 《第五个》（[奥]恩斯特·杨德尔 文 [德]诺尔曼·荣格 图）
五个残缺不全的玩具一个一个地消失在一扇门后，又焕然一新地走出来。排在第五个的小木偶越来越害怕。门后面到底是什么？反映出孩子怕见医生的普遍心理，写出了孩子在医院等候就诊时的紧张心情，帮助孩子克服对未知的恐惧。

妈妈感悟 _

◆ 对未知的恐惧是人的本能，孩子害怕去医院、害怕打针、害怕牙医，这都是再自然不过的。如果大人不能平等地对待孩子，不告诉他即将发生什么，不让他了解自己的病情和治疗方法，而只是采用欺骗的方式，只会增加孩子的恐惧。

● 不是我看到的 ——

和康康一起登上神奇校车

特别爽，要去坐神奇校车啦。

《神奇校车》是一套科普图画书，里面有个疯疯癫癫的老师，穿着奇奇怪怪的衣服，带着孩子们坐上神奇校车。神奇校车可以变成任何交通工具，进入任何奇怪的地方，比如人的血管、暴风眼、自来水管、太空、沙漠、水滴、同学的耳朵、电线……你能想到的任何地方都可以！

妈妈带着明仔来到了肯德基总部餐厅参加"神奇校车"的一次特别活动。

明仔很兴奋，这里是肯德基总部吗？可是怎么这么小，难道他们有一个暗门，通往密室？还是有一个地板可以通往地下巨大的总部？

妈妈说，不是的啦，这个地方叫作丰台总部基地，所以这一家肯德基就是总部店。

明仔有点儿失望，"我还以为这里的地底下有一个秘密的养鸡场呢。"

门口有一排真人大小的纸板，是神奇老师带着孩子们正要出发去探险呢。

妈妈要明仔去拍一张照片，"快去呀，很难得的。"

明仔表示这样太庸俗，妈妈用手机自拍了好几张，查看相片的时候才发现，明仔在一旁露出嫌弃的表情。

餐厅里已经挤满了小朋友。一个扛着摄像机的叔叔问明仔是不是来看康康的。明仔一脸懵圈："谁？什么康康，我不认识。"

"啊，你不看电视吗？"

明仔说："不看，我们家没有电视机。"

明仔问："妈妈我们走错地方了吗，不是来坐神奇校车的吗？什么康康？"

妈妈说："康康是电视节目《爸爸去哪了》里面的小明星，人称霸道总裁康康，因为他总是很酷的样子。他也是神奇校车的粉丝，所以今天这个活动也请他来当嘉宾。"

明仔已经跑开了，到处看。整个餐厅按照神奇校车的样子布置，墙壁上画满了神奇校车的图画。

主持人打扮成神奇老师——卷毛老师的样子，肩膀上还顶着一只蜥蜴玩偶。明仔大笑："你的头发不够卷，不是卷毛老师，是不卷老师。"妈妈说不要这样说，老师会伤心的。明仔说："喔，你很卷，你是很卷老师。"

《神奇校车》的作家奶奶通过视频送来祝福，介绍自己是怎么写出这些书的。她说自己从小就喜欢看科普书，可是科普书都不好玩，她就想我长大了要自己做一本好玩的科普书。虽然这些书很好玩，写的时候却很辛苦，每写一本书都要看一百本相关读物。先把要点、科学知识和人物对话写下来，全都是文字，看起来很没劲吧，然后她就自己画上图画——当然画得特别丑啦。再请专业画家来配插画，这样才诞生了如此好玩的《神奇校车》。

康康来了，果然很酷的样子。回答问题很精练。主持人问他最喜欢哪本书，康康说《气候大挑战》。明仔在台下说："我觉得他不是酷，是不太想说话吧。"

小朋友和康康一起参观了后厨，又自己动手做了蛋挞，明仔最期待的神奇校车要来了。

每个孩子胸前都贴着一枚徽章，各自选了一个书中的人物名字等待着。哇，真的来了一辆校车，车身画满了神奇校车的图画。

只有小朋友可以登上校车，家长都在旁边猛拍照。有一个小朋友太小了，一直闹着要妈妈，明仔劝他说这是校车，家长不能去。

　　车子开走了，家长在原地等待。五分钟后，车子带着明仔他们回来了。

　　妈妈问，好玩吗。明仔说："太不好玩儿了，根本就没有变身也没有穿越。就是转了一圈。"

　　妈妈说："我也很期待你穿越呀，然后我就可以自己回家了。"

　　明仔说："那你就假装我已经穿越了吧。"

　　妈妈问："康康呢，你和他玩了吗？"

　　明仔说："没有，他一直在忙着吃东西。"

　　电视台记者跟着拍摄康康，合影的时候让康康站在中间。有些大人还追着让自己的孩子和康康合影，小孩子好像还很不情愿的样子。

　　明仔问为什么？

　　妈妈说因为他是明星。明仔说："可是他就是一个小孩子呀，只有大人觉得他是明星。"

　　明仔坐神奇校车还得到了一件礼物，是一辆神奇校车的模型和一套神奇校车的书。

　　妈妈说："你已经长大了，模型和书送人吧。"

　　明仔说："不行，这些书和模型都不可以送人，这是限量版，限量版，知道不知道呀？"

　　回家的路上，妈妈问："今天开心吗？"

　　明仔说："当然啦，一直玩儿一直玩儿，太开心了。不像有的活动，说是小孩子的书会，我们只是听着大人讲话。"

◆ 你看到的

图书介绍 _

● 《神奇校车》（[美]乔安娜·柯尔 著 [美]布鲁斯·迪根 图）

一个有点疯疯癫癫的老师，一辆可以变大变小的校车，带着孩子们上天入地。在一次次不可思议的神奇之旅中，孩子们体验原理、学会操作、懂得思考、爱上科学。

◆ 明仔阅读年龄：九岁

◆ 明仔语录：一直玩儿一直玩儿，太开心了。

链接图书推荐 _

● 《漫画万物由来》（郭翔 著）

手绘漫画、实景照片加上扫码可看的视频，联合呈现大米、面条、酱油、豆腐、糖、盐6种食物从生长、收割、加工到制作入口的全过程。

● 《地球小孩的天气书》（黄卫 著 沈利 绘）

集云数据、艺术和科学于一体的原创少儿气象科普绘本。

妈妈感悟 _

◆ 现在有很多读书活动，只要有机会，就可以带孩子去参与。不仅仅是读一本书，更是和有共同爱好的同龄人的一次社交活动。一个成功的儿童读书活动，应该有很多互动的环节。如果孩子只是作为人肉背景板，干巴巴地听台上的人念故事，这样的读书活动孩子是不会喜欢的。

比读书更重要的事儿

"起床啦起床啦！"明仔大喊大叫。妈妈一看闹钟，还不到六点呢。平时三个闹钟都吵不醒的家伙，周末干吗起这么早？

"平时起来就是上学，周末是自己的呀，睡觉不是亏了！"明仔上蹿下跳。

爸爸勒令明仔安安静静地自己玩。

半个小时后，妈妈觉得安静得很不正常，睡眼惺忪起来查看，下巴都快惊掉了——冰箱门大敞，明仔趴在地板上，就着冰箱灯看漫画。

"你干吗呀这是？冰箱的菜要被你弄坏了！"

明仔无辜地说："看书呀？你们不让我吵，我没吵，你们不让我开灯，我也没有开灯。"

起来，跟妈妈做早饭！

明仔嘟嘟囔囔地不肯起身，"为什么要先干家务，后看书？为什么去姥姥家，他们总是说看书去吧，什么都不用你干；你们却总是说先干家务，有空再看书？"

"来，咱们一边做饭一边聊聊读书这件事。"

"买菜、洗菜、洗碗、倒垃圾、叠被子、收玩具、找小朋友玩、爬树、踢球、抽空写作业、看漫画。"明仔在小黑板上写着今天的日程安排，"当个成功人士还真忙啊！"

● 不是我看到的 ——

"快写作业，快去看书，别老惦记着玩耍！"这是很多家长经常说的话，可这些家长自己看书吗？他们是不是一边搓麻将或者一边玩手机，一边训斥孩子："就知道玩！"明仔家没有电视机，也不玩电子游戏，明仔最多的玩具就是书，但是明仔爸爸妈妈经常说的却是："等一下再看书，先出去玩！等一下再看书，先做家务！"

"为什么呢？因为爸爸妈妈觉得读书是一件很平常的事儿，只是生活的一部分，生活中还有很多比读书更重要的事情。"

"睡觉！睡觉比读书更重要。"明仔一边洗菜，一边说，"要是学校半夜上学，我肯定旷课。"

"是的，首先是健康，包括身体健康、心理健康。妈妈小时候书很少，只能抓住一切机会看书，小学三年级就把邻居哥哥的高中语文书读完了。因为读书识字早，所以13岁就上了高中。代价是什么呢？近视眼、身体不好。妈妈的体育成绩总是班上最后一名，但是因为学习成绩好，老师和家长都不认为这是一个问题。爸爸就不一样，虽然他也喜欢看书，把所有的零花钱都用来买书，但是他每天都去打球，所以眼睛没有近视，身体也能承受长时间的工作。"

"玩耍也很重要！"明仔说。

"是的，自己玩，和别人玩耍，都很重要。特别是和别人一起玩。我小时候为了看书，很少和人玩，长大以后花了很长时间才学会怎么和别人玩。而且那时候好歹还有兄弟姊妹，而你们现在关上门就只有一个孩子，其他的场合，无论是学校还是课外班都有大人看着，哪有机会在和同龄人的互动中学会竞争与合作呢？"

明仔啃了一口洗好的西红柿，"我没人玩呀，都要写作业、上课外班。"

"所以只要别的小朋友有时间来找你玩，我们说快去吧，等下再写作业看书，可别耽误玩！玩你们自己设计的游戏，吵吵闹闹、哭哭笑笑都没有关系。"

明仔洗盘子："小狮子也是在和其他小狮子打架中学习捕猎的。不过，狮子不用刷碗。"

"比读书更重要的还有劳动！我们都是家庭的一分子，都有责任和义务分担家务劳动，我们小时候的观念是只要读书好，什么家务事都不用做。现在也有很多人认为读书好，就能考上好大学，找个好工作，其他都是浪费时间。妈妈爸爸可不同意！一个死读书的、不会照顾自己也不关心别人的家伙，多没劲！生活处处都是书，我们希望你成为一个身体健康、心灵健康的人，能独立生活，让自己吃饱吃好，会自己找乐子，也能和人友好相处，不给社会添乱，不让家人闹心——这就是一个成功人士。"

"买菜、洗菜、洗碗、倒垃圾、叠被子、收玩具、找小朋友玩、爬树、踢球、抽空写作业、看漫画。"明仔在小黑板上写着今天的日程安排，"当个成功人士还真忙啊！"

明仔游戏_
◆ 今天不看书，和妈妈一起做家务。

妈妈感悟_
◆ 纸上得来终觉浅，绝知此事要躬行。

不是我看到的 ——

我，机器人

"我们可以见到真的机器人吗？会变形吗？像擎天柱那样的吗？"去中科院的路上，明仔不停地问。暑假，明仔参加的第一个活动是中科院科普互动体验免费一日游。明仔能得到这个机会是因为他喜欢做机器人，平时都是在少年宫做学具机器人，现在能看到科学家叔叔设计制作的机器人真是太棒了。

在中国科学院自动化研究所，首先观摩的是一个助老机器人，明仔小声对妈妈说："好像《星球大战》里的 R2-D2，矮矮胖胖憨憨的。"

妈妈说："嗯，可能设计的科学家叔叔也喜欢看《星球大战》。R2-D2 人气很旺的，还有人把投影仪、冰箱、无人飞机设计成 R2-D2 外形的样子呢。"

科学家叔叔介绍，这个助老机器人可以识别并跟随需要照顾的老奶奶，如果发现老奶奶心脏病发作，可以自动给医生打电话。"等一会儿小朋友们可以来体验一下。"

明仔着急地问："老奶奶在哪里？"

叔叔笑了，说："你可以来假扮。"

明仔说："我要设计一个机器人可以像擎天柱一样变成汽车，你可以预约出去兜风。如果前面有障碍物，机器人可以变形跳过去。老奶奶不用害怕，在这惊险的过程中，汽车人会自动播放温柔的音乐，安慰你那脆弱的神经。"

"等老奶奶累了，睡午觉的时候，机器人还可以溜达出去买糖吃。"

明仔脸上露出神往的表情，"机器人不怕牙疼。"

● 不是我看到的 ——

叔叔让明仔站在机器人的摄像头前，伸平双手，让机器人识别，然后就可以指挥机器人活动啦。比如抬左手，机器人就向左，抬右手，机器人就向右。如果你朝着机器人走，机器人会后退，跟人保持一定的距离。

小朋友们笑嘻嘻地挤挤挨挨，堆到机器人前面。"散开散开，"叔叔说，"太多人会干扰机器人，一次只能识别一个人。"

明仔朝前快步走，机器人左扭右扭，卡机不动了。叔叔说："不能走太快，否则机器人就乱了。"

明仔后退，又问："我现在倒下，他会给妈妈打电话吗？"

"现在不行，要诊断是不是生病了，还需要连接上其他的仪器。"

小朋友一个接一个尝试指挥机器人，有一个小姑娘走上前，机器人怎么也识别不了。叔叔说："个子太矮了不行，要换个子高一点的。"明仔悄悄跟妈妈说："这个机器人挑三拣四，不听矮个子老奶奶的话。"

接下来，又看了一个无人驾驶的汽车模型。叔叔说车上的超声波模块会发射出超声波，遇到物体反射回来，中央处理器收到信息，指挥舵机和电机改变行驶速度和方向。叔叔让无人驾驶汽车模型开动，又让小朋友们放一个塑料瓶子在前面，测试汽车的反应。明仔放了几个塑料瓶子，有时候车子能转弯躲过去，有时候车子就直接压过去了。

明仔问："街上有这样的自动驾驶汽车了吗？"

叔叔说："还没有大规模运用。"

明仔松了一口气，说："还好还好。这个摄像头不能自动调整，红外线扫描的范围太窄，车子看不见太矮的东西，过马路的小猫小狗和小朋友要遭殃了。"

明仔还参观了会跳舞的机器人和仿真机器鱼。明仔对这两个都很满意，他觉得要设计出会跳"江南 style"的机器人还是挺难的，"妈妈，机器人比你跳得好！"妈妈瞪了他一眼："再说，我把你打得像机器人一样跳！"

回到家意犹未尽，明仔又和妈妈一起看《机器人》《机器人时代》和《超级智能》，了解机器人的历史和最新的发展。

妈妈说："明仔，你要努力学习研究机器人，等妈妈老了，没有那么多年轻人来照顾老年人，很需要机器护理人员呢。"

明仔说："好啊，我要设计更加智能的机器人，不会对你挑三拣四的，你走快了不行、走慢了也不行，手抬高了不行、矮了不行。你可以用声音控制它，眨眨眼睛也能控制它，嗓子哑了还可以用脑电波控制。"

"太先进了，这得要多少钱哪？我买得起吗？"

明仔说："我有一个好主意，让你省钱。你不用买，可以租！比如，在一个小区里，可以从机器人公司租一群机器人。你在屋子里按一个按钮呼叫机器人，在附近巡逻的机器人就像滴滴打车一样抢单。第一个抢到的机器人会走到你的房间，说：'请问您需要什么服务？请投币选择您需要的服务！也可以刷卡或者红包转账。'"

"还需要投币呀，我以为是免费的呢。"妈妈说。

"机器人有小费赚，服务才会更好。"

"没钱怎么办？"

"实在没有钱的，机器人也可以帮你——让社保买单。"

明仔越说越开心："我的机器人可以像擎天柱一样变成汽车，你可以预约出去兜风。如果前面有障碍物，机器人变形跳过去。老奶奶不用害怕，在这惊险的过程中，汽车人会自动播放温柔的音乐，安慰你那脆弱的神经。"

"等老奶奶累了，睡午觉的时候，机器人还可以溜达出去买糖吃。"明仔脸上露出神往的表情，"机器人不怕牙疼。"

妈妈的下巴"当"地掉了下来："这确实是机器人，不是人假装的？"

"当然，这是儿童机器人！可以像现实中的儿童一样学习、玩耍、适应周围的环境。刚开始，

不是我看到的

你要教它，慢慢地它就会越来越聪明。"

　　明仔说得口干，给自己倒了一杯水，也给妈妈拿来一杯水，他说："我，明仔，妈妈的儿童机器人。"

图书介绍_

● 《机器人》（ [英] 梅隆 著 刘荣等 译 ）
一部关于机器人的百科全书，不同年龄的孩子只要喜欢机器人，都能够从中得到自己需要的信息。
◆ 明仔阅读年龄：五岁到九岁
◆ 明仔活动：参观机器人实验室。

链接图书推荐_

● 《小型智能机器人制作全攻略》（ [美] 麦库姆 著 臧海波 译 ）
非常实用的操作指南，太小的孩子需要爸爸参与。
● 《阿西莫夫：机器人短篇套装全集》（ [美] 艾萨克·阿西莫夫 著 ）
伟大的科幻作家，具有超凡想象力。关于机器人能不能发展出思维和情感，他做了深广的思考。

妈妈感悟_

◆ 这是一个飞速发展的时代，今天一半以上的职业都是我们这一代人闻所未闻的，而我们的孩子未来面临的世界也是我们所不可想象的，所以我们没有办法替他们去选择未来的职业，能够给予的是保护他们的想象力和好奇心。

● 不是我看到的 ——

阅读

Differences We See

结尾你猜怎么着？司马光是把缸砸了。

明仔失望道："这缸，质量太差了。"

◆

谁教育谁

◆

第一个孩子照书养，第二个孩子照猪养。

虽然是第一个孩子，但是读了一箩筐教育书以后，妈妈决定直接迈到第二阶段，跑步进入共产主义。

明仔满月之后每天日出出门，日落回家，整天在户外晒太阳挖沙子玩泥巴，饿了吃、困了睡。一直到五岁都没有上幼儿园。唯一的教育就是每天晚饭后听故事。在不到50平米的家，书就像砖头一样堆满了每一面墙，随手就拿一块砖头来玩。可能长期沉浸在书面语里，明仔两岁就会装深沉说："黑暗笼罩着楼梯。"天气变凉了，爸爸问他穿衣服少不少，他眨眨眼，大声说："不多不少，风华正茂！"

妈妈读过一个数据，说美国中产阶级的孩子和蓝领的孩子出生智商差不多，到了学龄前，智商的差别会非常大。为什么会有这么大的差别呢？阅读是很重要的一个因素，父母领福利救济的穷学生，从小在家中使用的词汇仅为白领阶层子弟的1/5。而且阅读的态度也不一样，蓝领家庭不允许孩子质疑和提问，中产阶级给孩子读书时会允许孩子插嘴，也会问孩子的感受。

"咱跟国际接接轨吧，虽然咱们也不过是文字民工，但是也有一颗红亮上进心哪。"这么些年明仔基本上是囫囵读囫囵听。为了提高智商，也为了和小学接轨，明仔五岁后，妈妈开始有意识地给孩子介绍一些传统文化和经典童话，也鼓励孩子谈读后感。一谈，会发现孩子的视角太太……太和成人不一样了。

孟母三迁。明仔听后很艳羡地说："这孩子可真学了不少东西！会在坟地玩耍，会卖东西，真是不错呀。"

妈妈试图引导说："这个故事主要是说环境的重要，孟子的妈妈想让他好好学习将来考大学所以老搬家。"明仔疑惑："你不是说做什么工作都是一样重要吗？"

司马光砸缸。明仔听完题目先问："什么是缸？"

"费劲了，咱家还真没有那玩意。怎么说呢，就是泥巴烧制的罐子，水缸就是装水的，米缸就是装米的。"

明仔又问："碗那样的吗？"

"比那大多了，小的也得咱们家洗衣机那么大，大的比咱们家厨房都大。"

接着讲到小孩掉进水缸，妈妈停下来问："如果是你，该怎么办？"

明仔快问快答："扔个救生圈！"

妈妈憋着笑说："那时候没有救生圈。你还有什么办法？"

明仔反问："他们家平时怎么舀水呢？"

妈妈挠挠头，说可能是很长的木勺或者水桶。

"那就把木勺伸过去，"明仔说，"小朋友一个拉一个，像拔萝卜一样拉。"

妈妈说："结尾你猜怎么着？司马光是把缸砸了。"

明仔失望道："这缸，质量太差了。"

妈妈问："要是你掉进去了怎么办？"

"我根本——就不会去爬这么危险的地方！"明仔很不屑。

● 不是我看到的 ——

明仔五岁以前没有听过格林童话、安徒生童话之类，因为有观点认为这些童话涉及黑暗，不适合太小的孩子。明仔三岁时曾经在书店听过别人讲的半截《丑小鸭》，当时眼泪就滚瓜走豆似的。等他五岁以后，妈妈把这些书拿出来，他还记得《丑小鸭》，拒绝再听，形容自己"眼睛出好多水，像烂西红柿一样流水。"

那就说最经典的《白雪公主》吧。明仔最大的感受是："这个女孩子太不听话了，怎么什么人的东西都吃呢？坏了吧，把自己吃死了吧。"

妈妈大笑，问："别人给你苹果你吃吗？"

"不要！"明仔坚定地回答。

"那，给你苹果手机呢？"

明仔依然坚定："要！"——人贩子听到没？糖果骗不到小孩了，要出点血买个iPhone或iPad。

《拇指姑娘》刚讲了一个开头，没有生育的老妇人祈祷得到了一个拇指大的姑娘，小姑娘被蛤蟆偷走了，明仔马上说："我知道，我知道这个故事教育我们什么！就是说，不是每个妈妈都有一个宝宝的！"然后热烈地凝视妈妈："有了宝宝，对宝宝不好，宝宝就会被蛤蟆偷走！"

明仔最喜欢《美女与野兽》，听完了说再听一遍再听一遍。妈妈以为他领悟到了心灵美的重要，于是问："你觉得这个故事讲了什么道理？"

明仔说："一个温柔的美女可以让最野的小孩变成王子啊。"

妈妈满怀期待地问："那你觉得妈妈温柔不温柔，漂亮不漂亮？"

明仔眼珠转来转去，撇嘴说："有时候……是野兽。"

妈妈忍着一腔怒火——这个白眼狼，蹬鼻子上脸的小东西——检讨自己，说："妈妈第一次当妈妈，没有经验，以后会努力的。"

明仔很大度地说："没关系，我当了很久的宝宝，我很有经验，我可以训练你！妈妈，只要你多给我讲故事，我经常把道理告诉你，你就会变温柔的！"最后攥紧拳头还要强调一句，"要相信自己！多加练习！"

图书介绍

- **《格林童话》**（[德] 格林兄弟 著）
经典童话，可是并不适合太低龄的孩子。
  - ◆ 明仔阅读年龄：六岁
  - ◆ 明仔语录：一个温柔的美女可以让最野的小孩变成王子啊！

链接图书推荐

- **《安徒生童话》**（[丹麦] 安徒生 著）
安徒生的童话非常深刻，可是很多篇章是要一定的年龄才能够理解的。《丑小鸭》《美人鱼》这样的名篇，不一定适合学前儿童。

- **《爱丽丝漫游奇境记》**（[英] 刘易斯·卡罗尔 著）
一本非常有趣的书，充满了各种的双关语、逻辑笑话和文字游戏。

- **《彼得兔的故事》**（[英] 毕翠克丝·波特 著）
绘本系列的鼻祖，清新的画风配合幽默的故事，表现了乡村中各种可爱的动物：小猫差点被老鼠做成馅饼，彼得兔的衣服成了稻草人的外套，还有城里老鼠和乡下老鼠的不同生活，都令人难忘。

- **《柳林风声》**（[英] 肯尼斯·格雷厄姆 著）
河岸柳林风光实在是太美了，还有萦绕在山林之间的那份友情。

妈妈感悟

◆ 要发火的时候忍一下，说不定有惊喜！孩子的想法无比神奇，上一句还是火药捻子，下一句就来了甜蜜炮弹。顺便赠送一个秘技：怒火升腾的时候，悄悄张开五指，把大拇指放在手心里，它是你的情绪，然后反复用其他四个手指握住它，几次之后，你就好些了。不用谢。

◆

金翅膀和朋友，你选哪一个

◆

从两岁半开始，妈妈和明仔一起看了很多图画书。也没有按照什么必读书目去找，基本上是赶上什么看什么。也有几个作家的书是刻意搜集的，比如李欧·李奥尼。他的画面将简洁的现代造型与东方色彩美学相结合，其故事幽默又富有禅意。不同的年纪阅读都会有不同的领悟。六岁的明仔的感受就和妈妈很不一样。

《蒂科与金翅膀》，小鸟蒂科生下来就没有翅膀，他的朋友们照顾他，给他带好吃的东西。但是蒂科一直梦想自己能长出翅膀。有一天他梦想成真了，长出了一对金翅膀。他非常开心，飞得比最高的树还要高。但是他的朋友们却很不高兴，他们说："你觉得你比我们都强，是不是？你就是想和别人不一样。"蒂科拥有了世界上最美的翅膀，却失去了朋友。他非常孤独。于是他把金羽毛一根根拔下来，送给了穷人。他现在和其他鸟一样了，朋友们很高兴，重新回到了他身边。

"如果你是蒂科，你的朋友对你说，你和我们不一样，我们不和你玩，你怎么办？"妈妈问明仔，"你是愿意一个人孤孤单单，还是变得和他们一样？"

"我不想孤孤单单，也不想和他们一样。"明仔毫不犹豫地说，"我可以飞走，去找和我一样有金翅膀的鸟。"

"儿子，你说得很好！"爸爸插话，"我告诉你一个秘密，一个人能找到志同道合的朋友是非常非常困难的。如果有朋友说你必须和他们一样，才和你交朋友，这不是真正的朋友。你要学会自己和自己玩，找不到和你一样有金翅膀的朋友也没有什么可怕的。"

《田鼠阿佛》中的阿佛也是一只与众不同的田鼠。当其他田鼠都在为冬天采摘收集浆果的时候，阿佛却在一旁晒太阳。

妈妈问明仔能看出谁是阿佛吗？明仔指着一只说："就是他。虽然他们长得都一样，都是圆滚滚胖乎乎的，但是阿佛眼睛耷拉着，好像困耷耷的。"

明仔说，这个故事有点像《蚂蚁和蚂蚱》，夏天蚂蚁辛勤劳动，蚂蚱却蹦蹦跳跳，到处玩耍，到了冬天，蚂蚱饿得要死，蚂蚁救了他，教育他要热爱劳动。

是的，开头是有点像。妈妈说："我猜画家李奥尼是从《蚂蚁和蚂蚱》这个老故事中得到了灵感，我们接着看后面怎么回事。"

其他田鼠责备阿佛："你怎么不干活？"阿佛说我在收集阳光、颜色和词语。冬天到了，田鼠把能吃的都吃光了，又饿又无聊，其他田鼠就问："阿佛，你搜集的阳光、颜色和词语呢？"阿佛说你们闭上眼睛，我让你们看到阳光和颜色。

"现在只有阿佛是睁大眼睛的，"明仔指着画面说，"我知道了开始他为什么闭着眼睛——他把夏天的阳光画在脑子里。"

"阿佛朗诵道：

谁在天上撒雪花？谁融化地上的冰块？谁会把天气变好？谁又把天气变坏？谁让四叶幸运草在六月里生长？

谁熄灭了阳光？谁又把月儿点亮？是四只小田鼠，他们都住在天上。是四只小田鼠……就和你我一样。

一只是小春鼠，打开雨露的花洒。跟着来的是夏鼠喜欢在鲜花上涂画。小秋鼠跟来时带

● 不是我看到的 ——

着小麦和胡桃。冬鼠最后到……冷得直跺小脚。

想想多幸运，一年四季刚刚好？一个也不多……一个也不少！

其他田鼠真的感到了温暖，他们都说：'阿佛，你是一个诗人！'"

明仔笑着说："诗人就是给大家振奋神经……""不，不是振奋神经，"妈妈纠正，"是振奋精神。"明仔左摇右摆，"振奋神经就是让神经蹦蹦跳跳，身上热乎热乎。不冷了，心里高兴，也不饿了。"

妈妈问他："如果你在田野上，你是阿佛，还是其他的田鼠？"

"都不是。"明仔摇头说，"整天干活呢，太累了。整天晒太阳也挺无聊的。到了冬天，大家可能不借给我吃的，我可就惨了。"

"那你想干一天活，休息一天吗？当一天阿佛，当一天其他田鼠？"

"不，"明仔说，"我一边干活，一边在心里搜集阳光。"

明仔最喜欢的是《小黑鱼》。小黑鱼的朋友都被凶猛的金枪鱼吃掉了，只剩下他一个人孤孤单单在大海深处游荡。小黑鱼见到了很多奇景，又遇到一群小红鱼。小黑鱼想了一个主意，让所有的小红鱼聚在一起组成一条大鱼，自己当眼睛。就这样，他们在清凉的早晨游，在明媚的中午游，把大鱼都吓跑了。

明仔发现："这些小红鱼都长得一模一样，只有小黑鱼不一样。"

"啊哈，你发现了画家的一个小秘密。没错，小红鱼是画家刻了一个章，一条条印出来的，只有小黑鱼是画家一笔一笔画出来的。"

妈妈还告诉明仔一件逸事，有一个幼儿园老师去访问画家李欧·李奥尼，在他画过的众多角色中，他认为自己是哪个？

明仔紧张地问："会是哪个呢？"

当时，李奥尼走到一堆他自己的书前，拿出一本《小黑鱼》，然后用一支棕色的蜡笔在小黑鱼上画了一个很大的圈，在下面又画了一条横线。最后他在横线上写下一个大字"我"。

"和我想的一样。"明仔松了一口气，笑了，"他和大家在一起，不用变得和别人一样，他的不一样又对别人有用。"

◆ 你看到的

图书介绍 _

● 《蒂科与金翅膀》（[美]李欧·李奥尼 文/图 阿甲 译）

一个人的独特性与他人的认同之间产生矛盾的时候如何选择？一本很有启发意义的书。

◆ 明仔阅读年龄：六岁
◆ 明仔语录：我不想孤孤单单，也不想和他们一样。我可以飞走，去找和我一样有金翅膀的鸟。

● 《田鼠阿佛》（[美]李欧·李奥尼 文/图 阿甲 译）_

这个故事是传统的《蟋蟀和蚂蚁》故事的重写，和传统故事的结果完全不同。让我们看到艺术的精神价值。

◆ 明仔阅读年龄：六岁
◆ 明仔语录：振奋神经就是让神经蹦蹦跳跳，身上热乎热乎。不冷了，心里高兴，也不饿了。

● 《小黑鱼》（[美]李欧·李奥尼 文/图 阿甲 译）

一条小鱼的成长，学会独立面对困难、与他人合作。

◆ 明仔阅读年龄：六岁
◆ 明仔语录：他和大家在一起，不用变得和别人一样，他的不一样又对别人有用。

链接图书推荐 _

● 《一寸虫》《世界上最大的房子》《字母树》

李欧·李奥尼的每一部作品都值得推荐，这三本我看过很多次，非常有想象力、优美，视点小而境界大。

● 《好饿的毛毛虫》（[美]卡尔 著 郑明进 译）

这本书更像是玩具，非常适合低龄孩子和父母一起玩游戏。

妈妈感悟 _

◆ 好的书籍，不用多说，孩子自然能够感受得到，就静静地让他读，然后静静地等待花开。

◀ 不是我看到的 ——

◆

帕丁顿熊是真的！维尼熊是假的！

◆

英语儿童文学中，最有名的两只熊是维尼和帕丁顿。明仔说："他们都是慈慈的，很善良，他们都喜欢吃蜂蜜。他们胖胖的，看起来笨笨的。他们很想帮助别人，经常是好心把事情搞砸了。"

"如果，你在街上遇到了他们，"妈妈问明仔，"你想带谁回家？"

明仔脱口而出："我想带帕丁顿回家。"

妈妈问："为什么？你不想都带回家吗？"

"帕丁顿是真的！维尼是假的呀！"明仔大喊。

妈妈一愣："你为什么会这么认为呢？"

"帕丁顿住在伦敦，维尼住在百亩林。"明仔说，"要记住，不要把二次元世界的东西带到三次元。维尼百分之百是二次元的，伦敦是三次元，帕丁顿也是三次元。"

就这样，和孩子一起看书，常常有惊喜的发现。和孩子一起读书，就是在二次元和三次元之间穿梭。

妈妈问：如果在街上遇到帕丁顿熊和维尼熊，你会带谁回家。

他说，当然是帕丁顿。

问他为什么？

他很惊讶地看着妈妈："因为帕丁顿熊是真的，维尼是假的！"

"为什么你这么认为呢？"

"因为帕丁顿熊住在伦敦，维尼住在百亩林！"

● 不是我看到的 ——

《小熊帕丁顿》的故事描写了一只熊来到人类的家庭，很多笑话来自儿童和成人视角的反差。小熊觉得很惊讶的事情，大人就要解释给孩子听，成人世界的规则是这样的巴拉巴拉。而小熊的心态，明仔很容易理解，却容易被大人所忽视。明仔有时候很惊讶，大人为什么会看不到很多显而易见的事实？

一只来自南美丛林的小熊在伦敦火车站孤零零地站着，不知道该去哪里。小熊的脖子上挂着一个标签："请好好照顾这只熊。" 无数的旅客来来往往，匆匆忙忙，无心留意它。它一派天真无邪，让布朗一家动了恻隐之心。布朗一家把它带回了家，并用火车站的名字"帕丁顿"为它命名。它很认真地想要适应伦敦大都市的人类生活，结果弄出无数笑话。

"为什么没有别人把小熊带走呢？"讲了开头，妈妈停下来问。

明仔说："大人个子很高，小熊很矮很小，大人总是很忙，很着急，跑来跑去忙自己的事情，当然看不到宝宝身上的标签。只有像布朗先生这样的人，不着急，心肠好，才能看到可爱的小熊。"

小熊无论去哪里都带着一个行李箱，明仔注意到行李箱上面也有一个标签："请带我去旅行"。妈妈认为这是小熊的话，意思是请大人带小熊去旅行。明仔说："不，是小箱子对帕丁顿说请带小箱子去旅行。因为小箱子不能动，它也想旅行，就要小熊带着它去旅行。"

妈妈说："不是的，这是小熊的话，让大人带它去旅行。"

"你不明白，小熊明白，"明仔说，"这就是小熊无论去哪里都带着小箱子的原因。"

我笑笑，没再坚持，搂着明仔继续下一个故事。

在《医院大冒险》的故事里医生想测试小熊的反应，对它说，我每说出一个词，你就说出它的反义词，好吗？这里面有不少英文双关语的笑话，需要大人的解释。比如医生问："好吗？（right）"小熊马上答："错（wrong）。"医生很生气，忍了半天，说："那个词不算，现在，快开始，三，二，一，开始！""停止！"小熊马上说。医生大喊"听着！（Look here）"小熊说："看那里（Look there）。"医生的愤怒和小熊的认真形成了巨大的反差。

当妈妈给明仔解释小熊因为不理解双关语，才答错，明仔并没有像妈妈一样发笑，他说："这不好笑，小熊在认真地回答问题。"

明仔也不明白医生为什么要生气，小熊并不是捣乱。"大人要是觉得小熊说的不对，就告诉他呗。"

"可能，医生觉得小熊太笨了，怎么说也说不明白。"妈妈说。

"小熊才不笨呢，"明仔说，"他只是想法和大人不一样。小熊不知道这是双关语，大人知道呀，大人为什么要生气呢？"

那一瞬间，妈妈卡在那里，是啊，有些大人觉得很明显的答案，孩子并不知道，大人为什么要对孩子生气呢。明仔打球的时候，教练吼："你怎么回事？"明仔呆呆地站着，老师火气越来越大，大喊大叫："有你这样打球的吗？跟你说了多少遍了我是这样教你的吗？"事后，妈妈问明仔，他说："我知道老师在生气，但是我真的不知道我哪错了。"

《帕丁顿遇到了神秘顾客》中，小熊学大人也在家门口摆露天画展。一幅《日落》乌漆麻黑中间一点黄；一幅《大暴雨》雨太大，把颜色都冲跑了；一幅自画像一点都不像，小熊不停地到楼上照镜子，可是一下楼又忘记自己长什么样子。在故事里，没有人觉得小熊画得好，根本就没有人能看懂它画的是什么。

明仔却看得两眼放光，他说："我想买！我想买！"

"我觉得它画得很好啊。"明仔解释，"你看，日落天黑了，所以画面上有三个太阳往下掉，一个比一个暗。大暴雨，当然颜色都是湿哒哒的。自画像很像啊，小熊就是胖脸儿，把纸都占满了。"

"小朋友一看就明白，只有大人看不懂。"他总结道。

故事里邻居为了安慰小熊，偷偷买下了三幅画。明仔说："才不是安慰它，就是画得好！"最后一张全家福，写着"非卖品"，没有出售。"全家福当然要自己留着了！"明仔觉得理所当然。

明仔画的画也常常不能被成人理解。五岁时参加一个社区活动，每人画一种食物，比赛谁画得最快。有人画苹果，有人画西瓜，很快交稿。明仔是最后一个完成的，主办方没有看懂他画的是什么，自然也没有奖品。

妈妈在窗户外面看，他很努力地把一张白纸涂黑，又很努力地在黑色上增加黑点。出来后问他画的是什么？

"烧饼！一个很大的烧饼！有很多芝麻！"

小学一年级画《海底世界》，老师把他的作业退回来重画，说他态度不端正。妈妈看那张纸上画了很多鱼虾海星八爪鱼，然后被无数乱麻状的黑色线条所覆盖，看起来很像画完以后又被破坏了。"好好的作业你为什么要涂坏？"妈妈问他。

"没有啊。"明仔很不解。

妈妈说："老师让你画海底世界，你画好了鱼虾，为什么要花这些乱七八糟的线圈圈？"

"这是海浪和风暴，"明仔指点着说，"还有章鱼喷的墨水。"

妈妈哭笑不得："那你就加上标题：海底世界的海浪，老师就不会批评你乱画了。"

"不用加标题，大家的标题都是海底世界，老师也没让加标题，我这一看就是海浪，为什么还要再加标题？"

妈妈只好说："这张我们留着，另外给老师画一张风平浪静的吧。"

"画画又不是做数学题，每个人画的都不一样啊。"明仔嘟囔说。不过他还是重新画了，妈妈也给他老师写了一张字条，谢谢老师让孩子享受画画的乐趣，解释了上次孩子想表达的意思，并非故意捣乱。再回来，妈妈问孩子，老师说什么了。"老师没有说什么。"明仔很快就把这件事忘记了。

明仔也画过全家福，每个人都是细胳膊细腿圆脑袋圆身子，脑袋跟身子差不多大，有的脑袋比身子还大。明仔说："这是我的特色！"

"妈妈呢，妈妈怎么也没有头发？妈妈不是长头发吗？"妈妈问。

◆ 你看到的

"你没有头发，我也认识你。"明仔很气愤，"隔壁小朋友的妈妈也是长头发，她也不是我妈妈呀。"

妈妈很想说，就你画的那脸，也没看出来像妈妈。

明仔的自画像有四排牙齿。他说："新的牙齿长出来了，乳牙还不肯走。他们都挤在一起，前面一排后面一排上面一排还有后面一排。"有密集恐惧症的看了一定浑身起鸡皮疙瘩。

爸爸倒是赞不绝口，说："儿子，我们是现代派。挺好。毕加索一张脸上还画三只眼睛呢。"

《帕丁顿狂欢节一日游》中，小熊从来没有参加过嘉年华狂欢节，他很高兴邻居格鲁伯先生要带他去看热闹。到处都是小商小贩卖各种好吃好玩的，明仔说："很像北京的庙会！"

"嗯，有的地方看起来确实很像庙会。"妈妈说，"这里有一个特别的，就是有全国各地的游船在运河上出游。"

"那就是颐和园的庙会。"明仔说。

"好吧，小熊想要赢得两张免费的船票。他要参加一个蜜蜂大追踪的游戏，找到最多的字母 B 打头的单词。"妈妈说。帕丁顿在游玩的过程中，写下了甲板 (board)、男孩 (boy)、泡泡 (bubbles)、扫帚 (broom)、香蕉 (bananas)、气球 (balloons) 等 40 个单词。

明仔一边看一边也很兴奋地在图画中寻找，他很快就发现帕丁顿身后有一个鬼鬼祟祟的男孩。明仔说："咦，不像好人。"

裁判问："谁搜集到了超过 40 个 B 打头的单词？"小熊兴奋地挥舞着他的单子："我超过了！"另外那个男孩也大喊："我也超过了！"这两个单子是完全一样的。明仔气愤地说："小偷，他抄了小熊的！"那怎么办呢？明仔说："让他们重新写一遍，不许偷看，小偷就抓瞎了。"妈妈说："你这个主意不错，可是时间来不及了。"明仔迫不及待翻到下一页，小熊照见自己的倒影，他发现了一个新的单词，他赢了，这个单词就是——bear。

"最容易的单词，最后找到。"明仔哈哈大笑。

"是的，有时候就在自己身边的东西最难找到。"妈妈说，"你知道吗，还有一个单词在

● 不是我看到的 ——

小熊身上。"

明仔想了想说："Brown，帕丁顿的姓名是 Paddington Brown！欧耶，我超过了小熊！我赢了比赛！"

他搂着妈妈的脖子，亲吻妈妈："谢谢妈妈提醒我，我们一起赢了船票！"妈妈给他盖好被子，一起唱一首划船的歌曲：

"Row，Row，Row your boat,

Gently down the stream.

Merrily，Merrily，Merrily，Merrily,

Life is but a dream."

（划，划，划小船，轻轻进入梦乡，好开心，好开心，好开心，好开心，生活像一个美梦）

明仔打了一个哈欠："妈妈，你知道我最喜欢哪一个 B 打头的单词吗？"

妈妈微笑："……和小熊一样——"

异口同声地说："B-e-d！"

◆ 你看到的

图书介绍 _

● 小熊帕丁顿图画书系列
（[英] 邦德 著 [英]R·W·阿利 绘 任溶溶 译）
● 《小熊帕丁顿系列》
（[英] 邦德 著 [英] 佛特南 绘 谢芳群 译）
一只非常暖心的小熊，一个人从异国他乡来到陌生的城市里生活，他
是那样的单纯善良，又幸运地遇到了很多可爱善良的人。
◆ 明仔阅读年龄：八岁
◆ 明仔语录：小熊才不笨呢，他只是想法和大人不一样。

链接图书推荐 _

● 《你看起来好像很好吃》（[日] 宫西达也 杨文 译）
暖心的故事，掠食者和被猎食者却成了一对父子，讲述了感人至深的
父子亲情故事。

● 《蓝精灵》（[比利时] 贝约 著）
不需要再多讲了吧，就是童年的美好梦境，山的那边海的那边的一群
蓝精灵。

妈妈感悟 _

◆ 急着在孩子那里得到成人世界的模式化答案，是一件费力不讨好
的事情。其实，只要我们稍微等一等，他们的答案就会闪亮亮地出现，
出乎意料又精彩万分。

● 不是我看到的 ——

不爱听豆豆

"今天讲什么故事？"睡前故事时间到，明仔准时在妈妈面前晃悠。

"这本怎么样？"妈妈的手指划过一排书脊，抽出一本——《窗边的小豆豆》。

明仔扫了一眼："不要！"

"很好听的，这是妈妈小时候最喜欢的书呀。"妈妈把书封面凑在他眼皮底下，辅助甜美的声音诱惑着。

"不要，我又不是你！"明仔踮起脚尖，拍着几本书：《荒野求生》《特种部队》《世界第一少年侦探团》……"要听这个！"

这样的对话，母子重复了好多年。这本正版的《窗边的小豆豆》在书架上存了十三年了，妈妈一直期待着有一天和孩子分享。但是儿子怎么就是不要呢。

明仔说："粉色，小女孩看的。"

喔，封面是水粉的底色，一个穿着粉紫色套头衫的小姑娘，乱蓬蓬的短发上扎着糖果粉的发卡。可是为什么男孩就不能看粉色的书？

"红色，行！蓝色，行！粉色，不行！"明仔很坚决。

明仔小时候对颜色并没有什么偏爱。五岁上学前班之前，明仔和一个女孩子一起去挑选书包，他帮女生选了一个蓝色书包要送给她，那个戴着粉红色蝴蝶结的女孩子很为难："这是……男生的颜色。"然后自己选了一个粉色的。明仔很惊讶。他以前从来没有听说过颜色还分男女。他自己选了一个鲜红色的书包，他认为红色不算女生。但是从此，明仔就坚决把粉色分在女性那边。他有一条内裤是粉色的，再也不肯穿。

妈妈说："别人又看不见。"

"我的小屁股能看见，他不想被女生嘲笑。"明仔固执地说。

就因为一个粉色封面，明仔很多年都不要听《窗边的小豆豆》。

今年，他已经八岁了。一天，坐在地上鼓捣机器人，妈妈悄悄拿出新出的绘本《窗边的小豆豆》，开始念："小豆豆是一个一年级的小学生，可是她已经退过一次学了。才一年级，就被退学了！"

明仔停下游戏，歪着头看妈妈手中的书，还好，这次的封面是白色的。

这个有点多动症、不能被传统学校接受的小豆豆来到了巴学园。学校的大门居然是从地里长出来的一棵树！教室则是废弃的公共汽车！随着故事的进展，明仔慢慢蹭过来坐到了妈妈怀里。

巴学园是一个自由的学校，每天的课程由孩子们自己安排，以自学为主，没有考试，没有排名，有很多的户外活动。

明仔有点担心："小豆豆学到的东西会不会太少呢？我们上课写作业，下课写作业，中午也写作业。好多同学放学还去补习班写作业。"

妈妈沉吟一会儿说："我跟你讲讲为什么我小时候那么喜欢小豆豆吧。"

"我第一次读到《窗边的小豆豆》这本书的时候，是13岁，当时还不是正式购买的版权，因为中国还没有加入世界版权组织，看上了哪本书也不问作者同意不同意，就直接翻译出版了。

● 不是我看到的 ——

现在你看到的书是小豆豆同意的。当然，我那时候并不知道这些，只是非常羡慕小豆豆，觉得巴学园简直就是一个童话世界。"

"我11岁考上了一个少年班，只用了两年时间就学完了初中的课程，13岁已经跳级上了高中一年级，接着要用两年学完高中课程。所有的时间都在学新的课程，学啊学啊，没有周末没有寒暑假，连过年也只有一个星期的假期。好惨！这还不算什么，更惨的是每个月都会有一次考试大排名，并张贴公布出来，所有连续排名靠后的同学会被淘汰，背上书包搬着课桌去别的班级。直到现在，我还常常梦见考试，乌泱泱的一片，什么都不会，吓得浑身冒冷汗，一个寒战醒来，胸口咚咚跳。"

明仔安慰妈妈："妈妈你学到了很多知识，可是很不开心。"

妈妈低头吻他的额头："明仔，你呢，你在学校开心吗？"

"还行吧，只要不是天天做卷子就行。"每个学期最后一个月都是做卷子，同样的卷子复印好几份，反复做，做过了再做。明仔用手指在空中比画："做得眼睛打叉。"

巴学园有一个特别好的小林校长，被其他学校开除的小豆豆在这里听到的都是夸奖："你是个好孩子。"明仔说，我也有这样的老师。有孟老师、王老师，还有迈克——这都是课外班的老师。

孟老师是明仔的机器人课程启蒙老师，明仔说："孟老师总是和我玩，总是高高兴兴的。他在睡午觉，我吵醒他，他也没生气。"王老师是现在的机器人课程老师，第一次面试，王老师问了两个问题："你拆过什么东西？装好了吗？"明仔笑嘻嘻地回答："拆过很多东西，妈妈的电风扇，我拆了擦干净，转得很欢。外婆的闹钟，嗯，零件都安回去了，没有富余，但是不会动。"

明仔说："这些老师和小林校长一样，把我们当大人。小豆豆的钱包掉进了粪坑，小豆豆不上课在那儿淘粪池子，粪便都舀出来，堆成了小山，校长也没有大惊小怪，只是说舀出来的东西要放回去。我做什么，孟老师总是说：'这个想法很有趣。'王老师从来不找家长，直接和同学们交流。有次上课一个同学淘气，躲在座位底下，王老师过去和他说话。说得很小声，我凑过去，问，怎么了？老师说玩玩具。我又问，然后呢？王老师说，然后就没啦。我知道，老师不想让受批评的同学觉得没面子。迈克是外教老师，每次放学都在教室门口，一个一个和孩子们握手，笑眯眯地说再见。"

明仔掰着手指头总结小林校长和他喜欢的老师的共同点：耐心听孩子讲话，有事不找家长。不过，小林校长有一件事情，明仔不太满意。巴学园的运动会都是别的学校没有的项目，其中全校接力赛最有特色，决胜负的地方是在学校礼堂的台阶上，跑上去跑下来，礼堂的台阶比一般的台阶要低得多，而且不允许一步迈过好几级台阶，所以对腿长个子高的孩子来说反而有难度。运动会上出现了惊人的现象，每一个项目的第一名都被全校个子最矮手脚最短的高桥君拿走了。这当然是校长为了鼓励永远长不高的高桥，让他记住夺得第一名的自信。但是明仔说："那别的同学也需要鼓励，还有走路一瘸一瘸的泰明呢。校长总是说大家一起，为什么还要分第一名第二名呢？"

明仔说，我有一个更好的办法，不分小组竞赛，不是让哪一个人得第一。

妈妈说，我看过一个文章，说现在日本的小学运动会就是这样，没有个人项目，都是团体项目，需要集体协作，才能胜利。

多好啊，明仔说，我就喜欢这样的运动会。

总的来说，明仔对巴学园还是很满意，他问北京有巴学园吗？

"有！但是很少。"妈妈告诉他，小豆豆小时候这样的学校在日本还很少，大部分都是乖乖坐着听老师讲课的普通学校，所以来巴学园的基本上是不适合普通学校的孩子，比如有多动症的小豆豆、小儿麻痹症的泰明、长不高的高桥。今天在日本，巴学园的教育理念已经非常普及了，所以这本书现在再版，在日本的影响力远远不及在中国。但是在中国，巴学园还是很稀罕的。妈妈认识一个朋友，他的孩子在名小学里很不快乐，有一次老师当着全班同学的面，撕掉了她的作文本，她很伤心，再也不愿意去上学。他爸爸到处给她找巴学园，没有找到，于是放下工作，租了一个农家院，办起了中国的巴学园，没有考试，没有排名，自己堆肥种菜、自己刷墙铺地建校园。

"喔，我也好想去！"明仔眼里闪着光。

"嗯，这个问题我们确实考虑过，但是在中国，巴学园属于非主流，而且也不是每个孩子都适应巴学园，小豆豆的弟弟也曾经上过巴学园，但是他更喜欢普通的学校，后来又转回了普通学校。所以，我和你爸爸决定不让你上名小学，也不上巴学园，就在家门口上最普通的小学，如果不适应了，咱们再想办法。"妈妈问他："你觉得学校还行吗？"

"行吧，还能忍。"明仔站起来，"我一进学校就自动调整为静音模式。"

"那么这本书，你喜欢吗？"

明仔很气愤："这是一本大人书，应该让大人看。"

图书介绍

● 《窗边的小豆豆》绘本
（[日] 黑柳彻子 著 岩崎千弘 绘 赵玉皎 译）
这本书我很小的时候就读过，没有想到有一天我还可以越洋采访作者，和作者沟通我的阅读体会。可是孩子跟我有不一样的感受，这应该也是时代的进步。
◆ 明仔阅读年龄：九岁
◆ 明仔语录：为什么要分第一名第二名呢？

链接图书推荐

● 《阿朝来啦》（[日] 黑柳朝 著 戴琇峰 译）
这是小豆豆的妈妈写的，一个非常可爱的老太太，看了小豆豆的妈妈的故事，我们会忍俊不禁，真是有其母必有其女。

● 《佐贺的超级阿嬷》（[日] 岛田洋七 著 陈宝莲 译 ）
一个很穷但是很开心的老太太，总是那么乐观面对生活的艰难，总有神奇的办法让生活过下去。

妈妈感悟

◆大人喜欢的书，甚至奉为经典的书，孩子不一定喜欢。这时候需要大人耐心倾听孩子的理由。

● 不是我看到的 ——

太有教育意义的书为什么不好看

养孩子就是要慢慢来，只要不傻不痴，总能学会走路、吃饭、读书识字。在别的小朋友"熟读唐诗三百首，不会作诗也会吟"的时候，明仔还只会玩泥巴、爬树。妈妈试探着问："你想背唐诗吗？家里有好多呢。"明仔咽了口水："糖……好多……"当他发现这个"糖"不能吃，很快就失去了兴趣。上小学以后，别的家长都上学校作报告传播育儿经验，谈如何培养孩子的阅读习惯，明仔还停留在听睡前故事的阶段。同学胖虎耻笑他："你不认字啊，还听妈妈讲故事！"明仔大声说："听故事是享受，跟识不识字有什么关系？"三年级了，明仔突然开始自己看书。原因是妈妈一次只能讲一本，自己看更快。

这天，妈妈带回来两套书，明仔很快就看完了一套半。所谓一套半，是有一套只看了一半。

看完的是《博恩熊情境教育绘本》14册和《保卫萝卜》萌漫画，剩下的是《保卫萝卜》神器战士故事系列。

为什么同样是《保卫萝卜》，不喜欢看故事系列，只爱看漫画系列？

明仔长出一口气："故事太有教育意义了。"

在别的小朋友"熟读唐诗三百首，不会作诗也会吟"的时候，明仔还只会玩泥巴、爬树。

妈妈试探着问："你想背唐诗吗？家里有好多呢。"

明仔咽了口水："糖……好多……"

● 不是我看到的 ——

明仔说，这都叫《保卫萝卜》，可是萌漫画是搞笑的，故事系列是教育人的。萌漫画好玩，故事系列不好玩。

"这么说太抽象了，能举个例子吗？"

"故事系列里那些萝卜只能干等着挨咬，除非瓶子炮什么的来救他们。"明仔说，"那些小怪物总想不劳而获，想抓萝卜做汤，不知道自己种萝卜。——不过，种了也没用，萝卜种好了，还没来得及吃呢，瓶子炮又来打他们。吃个萝卜还这么费劲，还是改吃肉算了。"

萌漫画呢，就好玩多了，萝卜们想扔一个大石头砸怪物，胖萝卜被挤飞出去，大家问胖萝卜你没事吧。胖萝卜说，我没事，怪物打跑了吗？当！萝卜们的表情特别冷。胖萝卜回头一看，妈呀，一群怪物来了，好几百只，都快挤出纸面了。

"然后呢？"妈妈问。

"没了。"明仔一摊手。

"这有啥意思。"妈妈一撇嘴。

"没啥意思，搞笑呗。"

"可是，作为家长，还是觉得看故事系列比较好。"

"所以，这种书就是让家长买的。"明仔说，"如果小孩子有钱，就会自己买漫画书看。"

妈妈翻了翻书，说："我觉得故事系列也挺有意思的。比如这个便便炮，大家嫌他臭，老萝卜给了他一个机器，把臭气吸走了。怪物来了，便便炮没有了臭气，也没有了威力。"

"好吧，你喜欢，我可以念给你听。"

"《博恩熊情境教育绘本》名字就叫作教育绘本，为什么你就不觉得是在教育人呢？"

"故事好玩啊。比如说博恩熊爸爸妈妈要求孩子有礼貌，如果是不好玩儿的故事吧，肯定要说不讲礼貌就倒霉。可是博恩熊不是这样子的，熊哥哥和熊妹妹说老讲礼貌烦死了，我们这么着，故意特别特别有礼貌，把爸爸妈妈烦死，他们就不再要求我们有礼貌了。后来，博恩熊一家讲礼貌成了习惯，就忘了捣乱的事儿。"

"哦，听起来，这个故事更好玩儿。"

"还有，还有，不好玩的故事里总有一个老好人，总是那么正确，没有缺点，整天教育人，讨厌死了。"明仔说，"博恩熊的教育故事就不烦人。熊爸爸熊妈妈都不是完美的家长，熊哥哥和熊妹妹在商店淘气，妈妈怎么说他们都不听，妈妈也发疯了，满地打滚，吵得比孩子们还厉害。孩子们说太丢人了，赶紧把妈妈弄走。还有教育孩子要吃健康食品，不好玩的故事总有个乖女孩喜吃蔬菜，身体健康；有个淘气男生不吃蔬菜，生病了。——赤裸裸的性别歧视啊！而博恩熊一家一起制作健康食谱、一起努力，孩子们控制得比爸爸还好。"

妈妈悄悄憋一口气，收起自己的肚腩。

"累死我了，"明仔灌了一大口水，"想教育妈妈明白点事儿，真费劲。"

图书介绍 _

● 《博恩熊情境教育绘本》
（[美] 斯坦·博恩斯坦等 著 郑悦琳 译）
博恩熊又翻译成贝贝熊，这套书最有意思的地方就在于这一家人都不完美，都有各自的缺点，不停地遇到各种困境，最后都有一个温暖的结局。

● 《保卫萝卜》萌漫画（笑江南 绘）
根据时下的原创游戏改写的。
◆ 明仔阅读年龄：九岁
◆ 明仔语录：想教育妈妈明白点事儿，真费劲。

链接图书推荐 _

● 《小兔汤姆成长的烦恼》
（[法] 马斯尼 文 [法] 巴文 图 梅莉译）
小兔汤姆跟大部分的五六岁孩子一样有着各种各样的烦恼。这套书非常适合学龄前儿童阅读，能够有效地缓解孩子的焦虑。

● 《我好担心》（[美] 亨克斯 著／绘 方素珍 译）
一个胆子很小的小孩，永远都有那么多的担心，很适合有同样苦恼的孩子。

妈妈感悟 _

◆ 我们希望用阅读塑造孩子良好的品格，可是什么样的故事让孩子喜欢又能够受到良好的教育呢？那些贴近生活、不完美的人物的成长，让小读者更有代入感吧。

● 不是我看到的 ——

看不懂的男生贾里

"给我讲这本《泰文君》！"明仔挥舞着书。

妈妈凑近一看，什么泰文君，秦文君！这也不是书名，这是作者名！书名是下面的小字《男生贾里全传》。

明仔说："喔，为什么作者的名字比书的名字还大？"

妈妈说，作者有名啊。

明仔："这个秦文很有名？"

妈妈说："是的，很有名。不过不是秦文，是秦文君！"

明仔很惊讶："啊，'君'不是对人的尊称吗？这不是一个叫秦文的人写的？"

妈妈败了："作者就叫秦文君。"

明仔更惊讶了："那别人怎么尊称她？秦文君君？"

"就叫秦君，或者秦老师。"

明仔又说："秦老师的爸爸妈妈为什么在她的名字里放一个尊称？"

妈妈说："君字用在名字里不是尊称，代表一种向往，希望成为品德高洁的君子。"

"原来名字代表一种美好的意思啊。"明仔问，"我叫明仔，我并不是灯泡，也没有闪闪发光。你们为什么给我起这么个名字？难道你们希望我会发光，晚上省电？"

妈妈说："第一，这个字很容易写，很容易认；第二，这是一个很平常的字，但是无处不在。爸爸认为盐和光明是世界上很平常又不可缺少的两件东西。盐呢，用在名字里太古怪了，所以选了明。"

明仔说："嗯，还是明仔好点。盐仔？好像咸鱼的牌子。"

"扯太远了，讲故事吧。"

男生贾里，14岁，初一，是一个鬼点子特别多的男孩，他和双胞胎妹妹贾梅一动一静，一个淘气一个乖巧，发生了很多有趣的故事。每次听到贾里弄巧成拙或者巧计成功，明仔都哈哈大笑。不过可能我们看的这本《男生贾里全传》时代背景是上世纪八九十年代，一些写实的情节，引出了明仔一堆疑问。

明仔问："十四岁了，贾里和妹妹贾梅为什么还住一个房间？太没有隐私了。"

妈妈解释说："当时上海住房紧张，贾里家有五十平米就算不错了，所以贾里和贾梅只好住一个房间，睡上下铺。"

"房子小就不分男女吗？我们家也只有五十平米，我从小就自己住一个房间。舅舅的宝宝一出生就自己睡一个房间。"明仔说，"对了，我有一个好办法，贾里和爸爸住一个房间，贾梅和妈妈住一个房间！"

妈妈说："爸爸要写作，需要安静。"明仔说："那也可以让贾里睡客厅。"妈妈说："以前的客厅很小，只能放一个小桌子。"明仔说："那也可以让贾里睡一张折叠床，白天收起来，晚上打开。"妈妈说："可能当时的人们的空间观念和隐私观念，没有现在这样严格。"

书中有一个男生给贾梅写情书，让爸爸和贾里好生忧虑，长吁短叹，最后当然是以消除误会、"好好学习"结束。

不是我看到的

"说我爱你有什么可担心的？"明仔说，"我们二年级就有同学写情书呢。"妈妈问："你怎么知道。"明仔说："我看见了，有个女生在漫画书中写着送给另外一个男生的话：我永远爱你，一生一世在一起。你是我的情人。还画着桃心。"妈妈只好说："嗯，现在说爱比较普遍了吧，以前'爱'可是一个比较吓人的词语。"

书中还提到，贾里贾梅同学中流行读席慕蓉、汪国真的诗，明仔不知道这两个人是谁。妈妈解释说是以前的流行诗人。给他念了几句，明仔说：明白了，就像"你是我的小呀小苹果"。

贾里和好朋友鲁智胜梦想成为英雄，有一次勇抓小偷被扎伤屁股，成了学校大喇叭小喇叭宣扬的好人好事。鲁智胜还被邀请去父亲单位作报道。

"这是不对的！"明仔大喊，"贾里是未成年人，不能鼓励他们和坏人搏斗！我们安全课说啦，没有什么比生命更重要！遇到坏人，首先要藏起来，有机会再给110打电话。"

妈妈说："对，未成年人是需要保护的。以前的观念不一样，小英雄挺多的，有救公社的羊牺牲的，有救火牺牲的。"

贾里班上还有一个书呆子，张嘴就是中英文夹杂。明仔说："这算什么英语高手？他就会说：'no，学习 English 需要连续性，两个 afternoon 不够！' 他知道《Detective Conan》(《名侦探柯南》)吗？他知道《Temple run》(《逃离神庙》)吗？幼儿园小朋友都会。"

"哎呀，你不知道，20 年前，学英语还是很稀奇的，我们小时候都是上中学才开始学英语，哪像现在幼儿园就开始学，而且影像资料也没有现在丰富，你会的那些词语我都不会。"

贾里有一次被冤枉碰倒了同学的自行车，受到老师批评。明仔说："同学说是就是吗？证人呢？"妈妈说："当时只有贾里和误会他的那个女生，没有别人了。""证据呢？录像监控呢？"妈妈说："那时候哪有监控？"

"那更不能只听一面之词了。贾里说不是他弄的，同学说是他弄的，老师应该查明真相，怎么就不相信贾里呢？"

妈妈说你要是遇到这种情况呢？

明仔说："我要他们拿证据，老师不相信我就转班。"

妈妈说："对呀，贾里也只好转班，老师不同意呀。"

明仔说："转班和校长说呀，班主任不同意就不能转吗"？

妈妈说："现在当然不是这样的。"

明仔说："贾里本来是被冤枉的，他不给自己找回清白，反而给老师搞恶作剧，不是越来越糟了？"

明仔觉得现在的学生会更成熟地处理师生矛盾。

不过书里的老师骂贾里"屡教不改"，警告他"不要做蠢事"，爸爸动不动就说"安静，要安静"——明仔觉得和现在的老师、家长也差不多。

妈妈笑道："小孩子变化太大了，可能大人变化比较小吧。"

图书介绍 _

● 《男生贾里全传》（秦文君 著）
堪称经典的原创作品。聪颖、热情侠义的男孩，经常会做出令人意想不到的举动。
◆ 明仔阅读年龄：八岁
◆ 明仔语录：贾里是未成年人，不能鼓励他们和坏人搏斗！

链接图书推荐 _

● 《女生贾梅全传》（秦文君 著）
写出了少女微妙的情感变化。

● 《草原上的小木屋》（［美］劳拉·英格尔斯·怀尔德 著 张树娟译）
罗兰从两岁开始跟着爸爸妈妈四处迁移，艰苦开拓，直至拥有幸福人生。也是一个女性的成长故事，写出了美国西部的风土人情。

妈妈感悟 _

◆ 时代在变化，很多观念也在变化，阅读的时候，大人要适当交代时代背景，同时向孩子解释一个人的行为思想常常和当时的时代环境有很大关系。

◆

谁影响了《草房子》得分

◆

曹文轩获得国际安徒生奖后，明仔学校给孩子们一人发了一本《草房子》，让他们回家阅读并作读书笔记。明仔写完作业就开始看。他看了十几页停下来困惑地问妈妈："这个真的适合小孩子看吗？"

妈妈问："你为什么觉得不适合小孩子看呢？"

明仔说："写好多小孩子打架，这不是黑帮片吗？"

妈妈笑了："不是黑帮，你再慢慢看。"

明仔继续看，有时候皱着眉头，有时候咯咯笑。一个星期后，将近三百页的书终于看完了。睡觉前，妈妈说："今天的睡前故事，你给我讲讲《草房子》吧。"

明仔说："太长了，我好困，讲完我的能量值就会降到零。"

妈妈说："那就简单点，我采访你吧。第一个问题，你喜欢这本书吗？"

明仔抱着枕头翻来翻去："满分是多少？"

"五颗星。"

"你最不喜欢什么地方？"
"最不喜欢老师要我们看完以后抄好词好句、总结中心思想。"

● 不是我看到的 ——

"那就三颗星。"

妈妈很惊讶，"为什么？我看你看得挺开心的呀？你不是说很好看吗？"

明仔说："内容精彩，很吸引人，我给五星，但是有几个减分项目。"

"喔，你告诉我哪些地方减分了？"

明仔双手枕着头，看着天花板，好像看着虚拟的故事在天花板上重演："第一个扣分项，死了好多人，有老人，有小朋友。你觉得给我这样的小孩看这么多死人，合适吗？扣掉一颗星。"

妈妈说："不是吧，你都快十岁了，死人的书以前也看过呀，很小的时候就看过《外公》《楼上的外婆和楼下的外婆》《小鲁的池塘》，你也不害怕呀？"

"我不害怕写死人，那些绘本故事虽然有死人，可是看了心里暖和，《草房子》里面死了两个小朋友，还有一个小朋友得了重病，看得我可难受了。"

"生老病死是正常的事，小说就是让你了解日常生活中不能了解到的事情和人们的内心是怎么想的。一般人很难说出自己在生病和面对死亡是怎么想的，小说就可以告诉你。"

"妈妈说得对。可是，我心里还是很难受。"明仔用枕头盖住脸。

妈妈拿开枕头，继续问他："还有什么地方要扣分呢？"

明仔抢回枕头，说："写小孩子打架，老师也不管，砖头拍人，太可怕了。完全是丛林法则。扣一颗星。"

妈妈说："作家写的那个时代可能就是那样的，小孩子没有大人管教，小孩互相打群架，大人也打架，大人也打小孩，让你知道以前的人是怎样长大的。"

"里面的女孩子太娇弱了，被人欺负得不敢上学不敢告诉家长。我不喜欢。"

"有的孩子是这样子的，她不知道保护自己，也不知道怎么寻求保护。"

"现在的女孩子都是女汉子，都保护男生呢。"

"作者写的是一种女孩子，这就是小说的一种价值所在，让你认识世界上各种各样的人。"

妈妈换了一个话题："那《草房子》你最喜欢的地方是什么？"

◆ 你看到的

明仔说："男孩桑桑很萌。想改善鸽子的住处，就把家里的碗柜拆了，学人家捞鱼，把家里的蚊帐拆了。后来的事情我不说你也能猜到吧。他看到城里卖冰棍的用棉花包着冰棍，以为棉花可以制冷，夏天就穿着棉衣，把自己热晕了。"

"还有，我最喜欢写他们排戏，一个男孩戴了一个猪尿脬假装秃子，排练的时候猪尿脬破了，头发露了出来，笑死我了。我以前不知道什么是猪尿脬，也不知道还可以戴在头上呢。"明仔趴在枕头上笑。

"总之，《草房子》应该给大一点的小孩和大人看。"明仔打了一个哈欠，总结说，"最不喜欢老师要我们看完以后抄好词好句、总结中心思想，严重影响我给本书打分。"

图书介绍

● 《草房子》（世界著名插画家插图版）
（曹文轩 著 ［德］索尼娅·达诺夫斯基 绘）
无论在什么样的艰难困苦中，人们始终保持着一颗金子般的心。
◆ 明仔阅读年龄：九岁
◆ 明仔语录：最不喜欢老师要我们抄好词好句。

链接图书推荐

● 《时代广场的蟋蟀》
（［美］乔治·塞尔登 著 盖斯·威廉姆斯 插画 傅湘雯译）
来闯世界的小蟋蟀，获得了巨大的成功和名声，但他最大的愿望仍然是回到家乡去。这个故事需要一点人生的体验，才能够有更深的领悟。最好是爸爸妈妈和孩子一起分享。孩子小时候也许还不能理解里面的道理，只是觉得故事很有趣，但是，有一天他离开家去上学、去工作，会想起这只小小的蟋蟀。

妈妈感悟

◆ 有时候非常优秀、很多人推荐的作品，你的孩子不一定会喜欢，可能是因为他的阅读知识储备和他的人生体验还不够多，还没有达到能够跟作品产生共鸣的阶段。那么我们不妨等一等。

●不是我看到的

如何用冰箱甩干一件湿衣服及其他

真人秀《荒野求生》火得呜呜的，连带出了好几本书。

明仔看《荒野求生》青少版，唤起了几十万年荒野求生的基因，可惜没机会和北极狼、雨林蟒蛇、沙漠蝎子什么的一决生死，决心尝试一下生存小技巧。比如说，衣服湿了，没有太阳怎么办？贝尔说，可以先把衣服放在寒冷的野外，搁一晚上，冻瓷实了，第二天拿着硬邦邦的衣服往地上砸，冰块咔嚓掉了，就得到了一件干燥的衣服。明仔说，这个办法好，我要试一试！

这都开春了，上哪去冻冰？明仔眼睛一闪一闪："咱们家——冰——箱……"

"就我们那小冰箱，哪还有放衣服的地方？"

明仔笑嘻嘻的："很小，肯定放得下。"

他把自己的小内裤浸透了水，搁在塑料袋里面，和饺子排骨排排坐。一边放一边自言自语："饺子说：'快看哪，来了一堆饺子皮！'排骨说：'什么眼神，这是一卷肉皮！'我的小内内说：'嘿，小胖子、小瘦子，你们看清楚了，我是裤子！'"

　　明仔一边往脸上抹鱼肝油，一边吆喝："纯天然，无添加，超级无敌防晒霜，免费，快来抢购啊！"
　　他在家里走动，就像一个移动的鱼摊。

●不是我看到的 ——

妈妈笑得差点把锅铲摔了，"我说明仔，裤子为什么在冰箱里？"

明仔说："这不是在做实验吗？等我试验成功了，咱们家就不用洗衣机了。"

妈妈说："喔，这样，我们家就需要一个很大的冰箱了。"

第二天一早从床上弹起来，他就冲进厨房，拿出冻成冰疙瘩的内裤，乒呤乓啷一通砸，然后……然后冰掉了，内裤成了马蜂窝。

为什么没有成功呢？

明仔说："我知道了，我的内裤是纯棉的，不够结实，贝尔的是冲锋衣，经拉又经拽。下次，我再试试我的夹克！"

继续鼓励探索精神还是教育他惜物？这是一个难题。妈妈含蓄地说："明仔，要还是失败可怎么办呢？"

明仔信心满满："没关系，失败了，我就有一件僵尸衣服，万圣节穿！"

转移话题，必须！妈妈说："明仔，夏天马上要到了，你看看有没有办法防晒，这个问题解决了，妈妈可以节省好多钱。"

有！明仔说："野外防晒，贝尔有一个方法，把生鱼的肝放在太阳底下晒，晒出油，抹在脸上。"

生鱼！肝！妈妈说，算了吧，家里有鱼肝油，你试试。

明仔一边往脸上抹，一边吆喝："纯天然，无添加，超级无敌防晒霜，免费，快来抢购啊！"他在家里走动，就像一个移动的鱼摊。

明仔到楼下转了一圈，回来汇报，确实觉得太阳没那么晒了，就是老有苍蝇围着，不知道会不会在他脸上下蛋。

明仔读了《荒野求生》，热衷于活学活用。有一天妈妈在厨房做饭，不小心碰到抽油烟机的角，哎哟，妈妈一声惨叫。

明仔跑过来，好像很兴奋的样子："妈妈，你叫什么名字？"妈妈一边揉脑袋，一边生气：

"搞什么！"明仔继续："你早上吃了什么？""出去！"

明仔瞪着眼："妈妈，情况很紧急，你要好好回答，"

他竖起一根手指晃着，逼问："这是几？几个手指头？"

妈妈已经忘了头疼："没空和你玩游戏。我在做饭呢！"

明仔揪着妈妈的衣服，把妈妈往下拽，"妈妈那你闭上眼睛，能摸到自己的鼻子吗？"

妈妈大吼一声："你到底要干什么？"

"紧急呼叫！爸爸，不好啦，"明仔回头，"贝尔检查脑震荡的四个步骤，妈妈一个也做不到。我确信妈妈脑震荡了！必须马上打120，送医院急救！"

看明仔的故事，似乎做父母的特别通情达理，其实，非也，明仔爸爸妈妈也会发脾气。特别是妈妈，每个月总会有那么几天，因为工作繁忙劳累，情绪极不稳定。有时候就会找茬，对明仔大喊大叫。

明仔也和妈妈对吼。但是爸爸大吼一声，明仔就老老实实，俯首帖耳。

妈妈对他这样两种态度很不满意，为什么敢挑战妈妈，却不敢挑战爸爸？或者说，为什么就不怕妈妈呢？

明仔说："因为爸爸是棕熊，妈妈是黑熊，贝尔说对付不同的熊要有不同的方法。"

看妈妈恼羞成怒的样子，明仔赶紧进一步解释："棕熊一般不会主动进攻人类，所以呢，装死是最好的办法，蜷缩起来保护小肚肚，这样棕熊会觉得你没有什么威胁，棕熊也许会拨弄你两下，你装死，他吼两声就走开了。如果呢，你竟然开始反抗，可就惹恼了棕熊爸爸，后果不堪设想！"

"黑熊一般也不会主动攻击，但是一旦开始攻击，小心哪，那说明它已经急了眼了。"

"在妈妈黑熊疯狂进攻的时候，装死是没有用的！我，明仔，一定要还击！"

明仔抢起书包，大力挥舞，跳上跳下，显示出强大的战斗力，"来呀，想打败我，吃掉我，

● 不是我看到的 ——

没那么容易！放弃吧，黑熊妈妈！"

妈妈笑问："你爸爸是棕熊，你妈妈是黑熊，那你又是什么熊呢？"

明仔左手叉腰，右手握着一根铅笔，假装成一把刺向空中的剑："我是——已经进化成人类的熊！"

◆ 你看到的

图书介绍

● 《贝尔写给你的荒野求生少年生存百科》
（全3册）（[英]贝尔·格里尔斯 著 邢立达等 译）
我们几乎没什么可能去荒野，但是这些求生知识某种程度上是满足了
我们对大自然的一种向往之情和冒险情怀。
◆ 明仔阅读年龄：九岁
◆ 明仔的实验：用冰箱干燥内裤；用生鱼肝油防晒。

链接图书推荐

● 《荒野求生》少年生存小说系列（[英]贝尔·格里尔斯 著）
用小说的形式来展现少年的荒野求生，巧妙地利用科学知识逃出生天。

● 《男孩的冒险书》
（[英]康恩·伊古尔登 哈尔·伊古尔登 著 孙崟 译）
关于男孩想知道的一切冒险知识：搭建一间树屋，如何制作隐形墨水，
如何用纸来做一个水"炸弹"，如何才能折出最好的纸飞机，甚至造
一辆滑板车。当然少不了介绍一个优秀男孩应该具有的品质。

妈妈感悟

◆ 阅读是立体的，不只是书本知识，有时候还需要动手。那些互动
性很强的科学书会让孩子有跃跃欲试的欲望。这时候父母要做好孩子
搞砸的心理准备。

◆

折腾，以科学的名义

◆

"徒弟，别再磨磨蹭蹭啦！""天才"的发明家莱奥纳多使大力推门，"咔嚓"，可怜的徒弟被门拍扁了。

明仔给妈妈念法国漫画《天才发明家》的故事："一个白胡子老头各种折腾徒弟的花招。"比如实验避雷针，把徒弟电糊了；试验防空机关枪，把徒弟打下来了；他自己也没少吃亏，实验激光传递仪，别人把开关一关，他就从半空摔下来了。

妈妈翻看创作背景介绍，喔，这本书的创作灵感来源于达·芬奇，"天才"莱奥纳多和莱奥纳多·达·芬奇都生活于1452—1519年，都有浓密的胡子，都是全才……

"达·芬奇是不是画画的？画了一个瘪嘴乐的女人？"明仔问。

"对啊，《蒙娜丽莎》。达·芬奇除了是画家、雕刻家，还是音乐家、数学家、作家、解剖学家、地质学家、植物学家、建筑师、发明家，据说他设计了第一个机器人、最早的飞行器、第一个烤肉机，总之。所以现在的作家格罗特和漫画家蒂尔克根据达·芬奇笔记中的发明设计和各种神奇传说，创作了搞笑漫画《天才发明家》。"

明仔边看书边乐："哈哈，这个莱奥纳多老爷爷真能折腾，发明了直升机、机器人、坦克，还有时光机、许愿机、光线传送旅行机，也有不靠谱的挠痒痒机、避雷针、降落伞，还有专门给家庭主妇穿的剥洋葱潜水服。"

明仔说："但是这个老爷爷太坏了，每次都以科学的名义在他忠实的徒弟身上试验，可怜的徒弟被折腾得遍体鳞伤。"

妈妈说："他需要一个热爱科学和具有献身精神的助手。"

明仔说："不，他需要的是一个打不坏的金刚罩！"

很快明仔家也需要一个打不坏的金刚罩了。晚上，明仔洗澡——他已经不愿意在大人面前光屁股了，一年级的时候还光着跑来跑去，问他害羞不害羞，他笑嘻嘻地说："有一点点，不是很害羞啦。"

于是浴室成了明仔的秘密试验场，妈妈只能听见明仔在里面大呼小叫，制造龙卷风、深水炸弹。今天不知道在忙乎什么，只有哗哗的水声和尖笑："你死定啦！看你往哪里跑！看我的防空机关枪！啪啪啪——"

等明仔洗完澡，妈问他在干什么。明仔说："打蚊子！""用什么打蚊子？""淋浴喷头！水机关枪！"妈妈进去一看，我的天！浴室成了水帘洞，天花板往下滴答水珠。妈妈问："蚊子呢？""嗯，水雾机关枪杀伤力不够，蚊子都坐上时空穿梭机跑了。"

临睡前，明仔突然敲门神秘地小声说："妈妈，真的有魔法！浴室的灯一闪一闪，闹鬼了。"

妈妈一探头，喔，只是接触不良。"我重新关一下开关。"妈妈踢踏着拖鞋，迷迷糊糊摸到浴室门边，摸索着按下开关。明仔跟在后面，听到妈妈发出一声非人类的惨叫，头发腾地竖起来了！妈妈跳着脚甩着手跑出来，好像所有的手指头脚趾头都被烧断了，"漏电了！不要碰开关！"

爸爸大喊："你个蠢货！水怎么喷得着蚊子！给我根棍子！"

明仔羞愧地递上一个墩布："我不是故意的！请爸爸惩罚我吧！"

"我不是要打你,是关灯!"爸爸举着墩布戳灭了浴室的灯,"妈妈把总闸也关了吧。等着,明天水干了就不会漏电了。记着!发明家,不能用水打蚊子!水和肉都是导电的,木头才是电的不良导体。"

过了几天,明仔继续琢磨新的防空机关枪。妈妈带回来一盒哈根达斯的冰激凌月饼,一家人分食完后,明仔掏出盒子里的一袋冰,问:"可以给我玩吗?"爸爸瞟了一眼,说拿去吧。

爸爸妈妈在书房工作,明仔一个人在楼道和朋友石头倒腾。他从藏宝箱找了一个可乐瓶子,装了一点水,又找了一些钢珠子——从自行车链子上拆下来的,然后把冰块放进去,拧上盖子。明仔想象着冰块把钢珠子冻起来,过了一会儿瓶子开始冒白烟,明仔和石头高兴得咯咯直乐。实验好像要成功了。钢珠子也在慢慢升腾,明仔把瓶盖松开一点,等待着钢珠子飞出来。突然"砰"一声巨响,白烟升腾直冲出来,瓶盖和钢珠子就像子弹一样发射出去,打得天花板砰砰响。爸爸妈妈蹦出来,惊讶得下巴都要掉到脚背上了。

"成功啦,"明仔大笑着躲到桌子底下。

"你在搞什么?"爸爸像一头愤怒的公牛冲过来,捡起"冰块"的包装纸,上面赫然印着:干冰!危险!

爸爸勒令明仔停止研究防空机关枪。"无论是做什么实验,都要先报备!否则在我们家被你炸掉之前,我先让你的屁股开花!"

晚上一起散步,明仔还在激动地说,他不是故意的。"我怎么会故意折腾你们呢。蓝爸爸做实验只折腾自己,莱奥纳多折腾他的徒弟,只有格格巫折腾他的猫。"

"知道知道,"妈妈点头,靠在一根电线杆上,一手扶着电线杆,一边抖腿肚子。明仔表情大变:"妈妈我马上来救你!"明仔抄起一根墩布冲上来就是一棍子。

哎呦喂,妈妈单腿跳着逃走,"我不是触电了!我只是抖鞋子里的沙子!"

图书介绍 _

● 《天才发明家》（[法]格罗特 著 [法]蒂尔克 绘 李秉刚 译）
以达·芬奇为原型创作的漫画故事。各种异想天开的发明和无厘头的
试验，让人捧腹大笑。
◆ 明仔阅读年龄：九岁
◆ 明仔游戏：科学实验。

链接图书推荐 _

● 《布尔和比利》（[比利时]吉恩·罗巴 编绘 孙红伟 译）
一个善良而淘气的男孩和一只聪明的长毛垂耳狗，还有一个有点迷迷
糊糊的爸爸和爱操心的妈妈。一部家庭欢乐剧。

● 《丁丁历险记》（[比利时]埃尔热 编绘 王炳东 译）
正直善良的年轻记者和他的搭档小狗，周游世界惩恶扬善的历险故事。

妈妈感悟 _

◆ 家里有一个喜欢动手的孩子，真是让人喜忧参半。喜的是他很愿
意把书中读到的知识运用到生活中，搞一些发明创造；忧虑的是孩子
无法评估他所做的事情是否安全，家长可是要瞪大眼睛，一刻也不能
疏忽。

"如果我埋一个乐高积木，也会成为文物吗？"

◆

挖挖挖，一直往下挖，底下有什么?

◆

雾霾天，明仔不能出去，他说："真想挖个洞，藏起来，藏到没有雾霾的地方去。"

可惜连门都没法出，只能在想象中挖洞。

"从我们家一直挖，会挖到什么呢？"

爸爸妈妈也不知道。但是书知道。

《地下水下》这本书摊开在地板上，就像一块大瓷砖，每一页都带领明仔往下挖一节。越走越深，越走越深，从地表到地心，从陆地到海洋。

地表下几厘米到几十厘米，有各种各样、大大小小的虫子。妈妈有密集恐惧症，不敢看。

明仔念给妈妈听："你在地面上看到的蚂蚁窝只是一小部分，他们在地底下种蘑菇、储存食物、养宝宝，还有一个类似坟墓的地方，所有死掉的蚂蚁都会被背到这里。"

还有无数的动物住在地下洞穴里，明仔说看起来很不错呀，住在地下很安全、又温暖，大概也没有雾霾。

妈妈说："可是如果住久了，你的眼睛就没用了。"

◆ 你看到的

明仔问："如果我埋一个乐高积木，也会成为文物吗？"

妈妈说："当然可以，只要够久。"

"等我长大了挖出来行吗？"

"那还不够久。"

"等我老了再挖出来呢？"

"那也不够久。"

明仔说："那就留给我的儿子去挖吧。"

● 不是我看到的 ——

明仔说："现在你摘了眼镜也跟鼹鼠差不多。"

妈妈呲着门牙，做出一副要啃明仔的样子。

明仔跳开，狡辩道："我喜欢鼹鼠，肉肉的，萌萌的。他们视力不好，但是很聪明，会把蚯蚓弄麻痹了存在储藏室里，这样总是有新鲜的食物吃。"

地下还有很多植物。萝卜、山药，这些明仔早就知道是长在地下的部分，但是明仔惊奇地说："我第一次知道山葵是长在地下的块根，我一直以为是一种叶子。"

妈妈说："我也以为是一种叶子。"

"魔芋原来也是长在地下的！"明仔喜欢吃关东煮里的魔芋丝，一直以为是海蜇那样的东西。

接着往下挖，会挖到植物的根，大部分植物的根不会超过两米，明仔说："妈妈你知道吗，为什么柳树杨树会被风刮倒？因为它们的根都很浅。但是有些植物的根很深，这样的植物主要在沙漠里。"为什么呢？为了喝到水呀。现在发现的最深的树根是在非洲南部沙漠里，有68米深，就好像把一栋20多层高的楼房倒插在地上。

明仔一边看一边乐："要是潘多树的种子掉在我们家的地板上，我们家就可以变成一个魔法森林了。在美国犹他州有一片潘多树森林，4万棵树拥有同一个根系。真是太神奇了。"

地下不只有动物和植物，人类在地下也铺了各种各样的管子，明仔说："如果我乱挖，就可能会挖到电线，只听惨叫一声，砰的一下，就糊了。"

妈妈说："是的，新闻里有乱挖管道，水管爆裂、电线中断、光缆损坏，我们没法做饭、上网了。"

动物用爪子挖洞，人类挖的洞更加壮观。人类挖了很多隧道，建铁路和公路。明仔说："你们不知道吧，世界上最大的隧道掘进机的名字叫贝莎，比五层楼还高。"

挪威有世界上最长的公路隧道，穿过这个隧道需要20分钟。明仔说我喜欢这个隧道，里面有停车港，可以停下来吃点东西，休息，就好像野餐。

人们挖呀挖呀，还挖出了地铁。最深的地铁坐扶手电梯下到站台，需要好几分钟，相当于入地 40 层楼。妈妈这种有恐高症的人可能坐不了这样的地铁。明仔指着最深的地铁那张画："你看，这个乘客在幻想太阳：我们需要太阳。"

继续挖，还会挖到考古文物、恐龙化石。

明仔问："如果我埋一个乐高积木，也会成为文物吗？"

妈妈说："当然可以，只要够久。"

"等我长大了挖出来行吗？"

"那还不够久。"

"等我老了再挖出来呢？"

"那也不够久。"

明仔说："那就留给我的儿子去挖吧。"

往下挖，还有各种矿物：金子、煤炭、铁。明仔用陶泥裹上积木，说这是"积木矿"。拿出中午吃剩的鸡骨头说，"这是恐龙的小爪子化石。"

目前人类挖的最深的洞有多深？ 12 千米。在俄罗斯的北极圈，科学家钻了一个超级深的洞，花了 22 年。明仔问那是多久呢？妈妈说："假设你从一出生就开始挖，一直挖到你大学毕业那么久。"挖到的岩层有 27 亿年那么老。明仔掰着手指头数，哇，27 后面有 8 个零！

明仔问："他们从北极挖到了南极吗？"

妈妈说："怎么可能？还差得远呢？才挖到 12 千米，温度就达到了 180 度，再往下挖，钻机都要融化了，只好停止工作。地球内部太热了，是一个大火炉。"

明仔问："科学家没有挖到地球的中心，怎么知道地球中间是什么？"

"通过研究地震波。当然具体怎么弄的，妈妈也不太明白，你还可以找其他的书来看，总之对于一直往下挖会挖到什么，人类还有很多不知道的东西。"

《地下水下》这本书翻过来就是海洋，一直往下潜水会看到各种神奇的海底世界。比如海

● 不是我看到的 ——

底也有火山。

明仔觉得非常好玩，他要自己来制造一个小小的火山爆发。他从冰箱拿了一瓶可乐，投入曼妥思薄荷糖，一瞬间，无数的泡泡喷了出来。

爸爸闻风而动："空气本来就不好，你还在释放二氧化碳！这就是大脑缺氧的表现！"

明仔辩解："雾霾天，不让我挖洞，也不让我制造火山，太不好玩了。"

"快了，风已经到张家口了，正在办进京证。明天放晴，你还是去院子里挖洞吧。"

明仔说："我预言肯定能挖到鸡骨头化石。"

◆ 你看到的

图书介绍 _

● 《地下水下》

（[波]亚历山德拉·米热林斯卡 丹尼尔米热林斯基 著 乌兰 译）

图画极其吸引人，书可以两边翻，一面是地下，一面是水下。用剥洋葱的方式呈现难得一见的地下和水下世界。

◆ 明仔阅读年龄：九岁
◆ 明仔游戏：挖洞，制造可乐火山。

链接图书推荐 _

● 《地图（人文版）》

（[波]亚历山德拉·米热林斯卡 丹尼尔·米热林斯基 著）

这本书带动了人文地图的热潮，图画精美，很花了一番心思去选各个地方的代表性的事物。是培养儿童探索世界、热爱地球的工具性绘本。

● 《你好！世界》（[瑞典]安娜·菲斯克 著）

一本适合幼儿园孩子的百科，有很多捉迷藏游戏。培养专注力、思考力和想象力的亲子互动绘本。

妈妈感悟 _

◆ 人们获得知识的方式有两种，一种是直接经验，一种是间接经验。直接经验需要自身去体会，但是人的时间毕竟是有限的，而间接经验能够极大提高我们学习知识的效率，快速扩展我们的视野，读书就是最好的获得间接经验的方法之一。

● 不是我看到的 ——

装"屎"？连虫子种子都这么拼，你还不努力？

临近期末考试，明仔一遍又一遍做着同样的卷子，一边痛苦地嗷嗷。

妈妈一副过来人的样子，从容地说教："身为中国人，你不知道竞争有多激烈啊，差一分能站满一操场。所以，考试要从娃娃抓起！别叫！我不在乎你考多少分，但是我在乎你能在这枯燥的学习中苦心志、劳筋骨、磨意志！"

明仔大叫："说什么呢？闭着眼睛都能蒙出答案了，这考试有毛毛虫用啊。"

妈妈摆动着一根手指："不要看不起毛毛虫！毛毛虫也是蛮拼的。"

"来，看本书休息一下！这本书叫《昆虫捉迷藏》。你看，这张图片，看起来非常像一坨鸟便便，其实呢，是一种毛毛虫。别看它现在扭扭歪歪，臭臭丑丑，但是长大了可是漂亮的柑橘凤蝶呢。""为什么要装'屎'？""为了活命呀。在自然界里，毛毛虫这么肉乎，简直就是长腿的美食，它们得想办法隐藏起来，不被吃掉。小鸟一看，哇，是一坨屎。谁会想吃一坨屎？它就可以开开心心吃饭睡觉了。"

明仔哈哈大笑，指着一张图片考妈妈："这三坨便便，你猜哪一个是真的，哪一个是假的？"

"人类使用杀虫剂，最后还是坑自己。"

妈妈趁机说："加油啊，你要努力学习，将来上了大学，研究大自然的神奇之处，让人类学习和大自然和谐相处，少使用毒药，多用自然之道。"

明仔说："嗯，一定要让人类和屎壳郎都吃上放心的食物！"

● 不是我看到的 ——

真的好难猜，简直就是一坨屎复制了两次嘛。明仔狡黠地笑："仔细看，中间那只有小腿呢。"哈哈，它的名字就叫"虫粪叶虫"，一种小甲虫，它会模拟毛毛虫拉的便便。

妈妈说："我还知道有一种瘤蟹蛛，看起来像鸟屎，闻起来像鸟屎，并且也喜欢待在鸟屎上面，这样它就不容易被鸟吃掉，还可以用自己的臭气吸引猎物——比如喜欢臭味儿的苍蝇。一举两得！既防身又捕猎！"明仔反驳说："蜘蛛不是昆虫好不好！"妈妈说好吧，反正也算会装"屎"的虫虫。

明仔说："会装'屎'的多了，上次咱们看科学节目有一种种子会模仿粪球，诱骗屎壳郎带它回家呢。"

是的，那是南非的科学家发现的一种特殊的植物，叫"银木果灯草"。它的种子的模样很像当地羚羊的便便，气味也像便便一样辛臭刺鼻。种子的宽窄比也特别适合蜣螂滚。简直就是拼尽全身在做广告："快来滚我呀！"蜣螂千辛万苦把"屎"球球滚回家，发现不能吃的时候已经晚了，银木果灯草种子已经成功地达到了传播的目的。

明仔说："他们这么拼，遇到人类也完蛋。人类只需要一瓶杀虫剂，喷过的地方，什么装屎的虫子种子全完蛋，彻底变成屎！"

"人类使用杀虫剂，最后还是坑自己。"妈妈带着明仔在网上搜索相关知识，"这里有一条新闻，近年来，西班牙的一些农场主发现，农场里的屎堆得越来越多。这么回事呢？科学家经过调查发现，原来农场主给牛羊食用了抗寄生虫的药物，寄生虫被杀死了，但是没被吸收完的药也随牛羊的粪便排泄出来。含有药物的粪便被屎壳郎吃了，屎壳郎也死翘翘了。屎壳郎死了，就没有屎壳郎收拾粪便了，有毒的粪便还会污染土地，最后毒害人类自己。"

明仔挥舞拳头高喊："屎壳郎哭了：这年头吃屎都不安全了！"

妈妈趁机说："加油啊，你要努力学习，将来上了大学，研究大自然的神奇之处，让人类学习和大自然和谐相处，少使用毒药，多用自然之道。"

明仔说："嗯，一定要让人类和屎壳郎都吃上放心的食物！"

图书介绍

● 《昆虫捉迷藏》（[日]得田之久 著）

昆虫如何在自然界中保护自己？这些书既是一个纸上的找找看游戏，也是一个认识自然的工具。

◆ 明仔阅读年龄：九岁
◆ 明仔活动：上网搜索，了解更多昆虫知识！

链接图书推荐

● 《蚯蚓日记》（[美]克罗宁 著 [美]布里斯 绘 陈宏淑 译）

以蚯蚓写日记的方式，幽默地反映了蚯蚓的特点，同时让我们从微小的视角来看世界。

● 《战虫部队》（[美]杰克·佩顿 著 陈枫 译）

惊险、幽默、史诗般的儿童文学，不知不觉中获得昆虫及爬行动物的知识。

● 《昆虫脸书》（黄仕杰 著）

通过精美的摄影作品，认识身边的昆虫。一张张有趣的脸，透露出他们各自的生存手段及生活习性。

妈妈感悟

◆ 学习科普知识的手段是多种多样的，阅读图书、做小实验、观看影片……可以综合运用。

● 不是我看到的

奥特曼的必杀技管用吗

妈妈有一个邪恶的计划，要破坏明仔的动漫幻想世界！

阅读嘛，家长总是要推荐最经典的名家名作，什么凯迪克大奖、林格伦大奖，这些明仔也看，但是！不知道什么时候开始却被动漫中的各种打怪兽迷住了！和小朋友聊天是奥特曼必杀技，买玩具要汽车人……家里根本没有电视机好不好？这些怪兽都是哪里冒出来的？

过年妈妈让明仔画一个门神，他兴高采烈地画了一个——变、形、金、刚！门神手上的长枪和金锏也变成了激光剑和霹雳炮！明仔还说："这是 21 世纪的门神，只有这样的门神才能抵抗外星人的入侵！"

睡前故事时间，妈妈狡黠地说："你想不想知道奥特曼的必杀技真的管用吗？路飞真的适合当海贼王吗？"

"太想知道啦！"一听这些问题，明仔本来困兮兮的眯缝眼突然变得滚圆了。

写《空想科学》这个书的人是日本课外补习班的老师——日本人也很喜欢上补习班呢，他叫柳田理科雄，真的叫这个名字！柳田理科雄很喜欢理科，从小就梦想当科学家，可是来补习的学生一听科学就打瞌睡，说起怪兽倒是挺有精神，于是柳田老师就用科学理论来验证动漫中的人物可不可行。结论绝对出乎意料，机器猫的脑袋会卡在大雄家的抽屉里！旋转喷射飞行的怪兽会在空中变成烤肉！学生爆笑不止！柳田受到鼓舞，写了一系列揭怪兽老底的书《空想科学》，被称作是"愉快理科系作家"。现在这一系列已经持续写了十年了！

《空想科学》有很多科学硬知识，在日本主要是给高中生看的，妈妈担心明仔听不懂，想跳过去，明仔说："不行，不许跳！"明仔嫌妈妈讲得慢，还抢过来自己看，一边看一边狂笑着给妈妈讲："奥特曼合掌一使劲就会喷出大量的水，如果这些水是来自奥特曼体内，只要65秒，奥特曼就会变成木乃伊！而能发出10万摄氏度高热的怪兽，会把日本周边海域的海鲜全部烧死！奥特曼如果骑在怪兽背上打他的脑袋，整个屁屁都会被烤焦，一秒之内就会化为一阵热气消失得无影无踪！

而奥特曼最有名的必杀技，两手交叉成十字形，发射出青白色的光线，把怪兽炸得粉碎。真的可行吗？柳田理科雄老师经过分析，发现如果奥特曼使用的是电，两手交叉，就会全身通电，把自己电个半死，麻痹痉挛，毫发无损的怪兽只会高兴地鼓掌。如果是使用其他的能源，就会自爆！"

经过科学分析，这哪是打怪兽哦，这是作死！

动画片中的超级英雄在天空中飞，都会发出亮光变成天上的一颗星星，那光芒是哪里来的呢？与空气摩擦发出的光的颜色取决于其温度，发出青白色的光至少被加热到了1.1万摄氏度以上。随着温度升高，固体会变成液体，再变成气体，想想奥特曼在空气中摩擦产生烈火，从头到脚化成发光的云雾——真的让人笑出眼泪。

明仔很喜欢的《海贼王》里，路飞吃了橡胶果，变得超有弹性，怎么都打不死，可是《空想科学》说如此柔软的身体，在生活中可是很麻烦呢，拎一点重东西手臂就会耷拉到地上，吃完饭肚子也会垂下来拖到地上。这还不算什么，天然橡胶很容易老化，路飞在海上风吹日晒，还经常躺在甲板上睡觉，橡胶身体可是会四处裂开的！

● 不是我看到的 ——

明仔说："所以路飞要戴着大草帽，防止直接暴晒。"

妈妈说："这个帽子不是他的，如果他真的当上了大海盗，就要还给别人了。一个橡胶人要当海贼王，这个梦想真是很麻烦呀。"

爸爸批评妈妈说："你知道你在干什么？你在破坏孩子的幻想世界！要照这么扯下去，所有的漫画都没有办法画了！什么都要追究历史考证，历史穿越剧也没有办法做了。"

妈妈笑着说："明仔你觉得怎么样？知道了科学道理，是不是很抓狂，觉得大怪兽一点意思都没有了？"

明仔说："怎么会呢，多好玩呀！漫画是二次元，我们是三次元，这根本就是两个世界！"

完蛋了，想要改造怪兽迷的计划破产了！不过，好像，在那个小脑瓜里已经划出了一块地盘，专装科学知识呢！

再用电烤箱烤鱼的时候，明仔大喊妈妈快跑！妈妈问怎么了。明仔说蜘蛛侠里的大反派使用的南瓜炸弹能发出强烈的光，把照射到的人都变成白骨，《空想科学》里说这个南瓜炸弹从原理上讲和远红外线烤箱是一样的。

妈妈说："逃远点吧你！烤个鱼就把人炸成白骨，厂家还不赔掉裤子！"

图书介绍 _

● 《空想科学》（[日]柳田理科雄 著）

角度新颖，孩子们都喜欢漫画，那么就从漫画切入探讨一下那些超级英雄有没有可能实现他们的超级无敌大招。

◆ 明仔阅读年龄：九岁

◆ 明仔游戏：利用科学知识计算一下漫画中的超人的本领到底能不能行得通。

链接图书推荐 _

● 《第一次发现》丛书（[法]伽利玛）

是适合幼儿园和低年级段的科学读物，有手电筒系列和透明胶片系列，很有创意，给孩子前所未有的视觉学习体验。

● 《美国小学生经典数学游戏》（[美]Highlights 著）

漫画非常幽默。用数学的方法来解决现实的问题，培养孩子的数学逻辑。

妈妈感悟 _

◆ 进入小学中年级，孩子在充满幻想的脑袋里，会留出一块地方想要探知世界的规律，这时候用童话或者神话向他们解释世间万物的奥秘已经不够了。

● 不是我看到的 ——

◆

家门口的昆虫秘密

◆

"为什么鼻涕虫和蜗牛都是软体动物，可是蜗牛有壳，鼻涕虫没有壳？"

就在家门口玩个泥巴，明仔也有这么多问题。

不要紧，妈妈有一本书《去野外》，这可是 2015 年博洛尼亚金奖童书，有图有真相。

先说这个蜗牛为什么有壳，当然为了安全，免得被鸟吃掉，而且天气热的时候，还可以保护蜗牛的皮肤，否则被晒干就一命呜呼了。

明仔说："这个我知道，我问的是同样都是肉虫子，鼻涕虫怎么就不怕被吃掉、被晒成肉干？"

哈哈，妈妈翻书念道："这可是一个秘密，大部分鼻涕虫以前也是有壳的，但是几万年以前，鼻涕虫的壳慢慢变成了一个小硬片。"

"但是为什么这样演变呢？"

妈妈挠头，科学家也不知道，可能是为了好藏起来吧。如果是很小的缝隙，鼻涕虫就可以轻松钻过去，霸占蜗牛无法到达的空间。

明仔抓起一只蜗牛，蜗牛慢慢地缩回了触角。

妈妈问他："你看，蜗牛有两对触角，你知道眼睛长在哪里吗？是上面那一对还是下面那一对？"

明仔说："知道，是上面那一对，我早就用放大镜看过了。妈妈，我也考考你，你知道蜗牛有牙齿和脚吗？"

妈妈说："哈哈我早知道蜗牛有特别小的牙齿，但是脚呢，我觉得它是用肚子滑行吧。"妈妈翻开书："喔，我错了，蜗牛有脚。"

明仔拉着妈妈蹲下来："仔细看爬行的蜗牛，他有脚，挨着地面，像结实的小肉疙瘩。"

蜗牛在树叶上滑行，爬过之后留下一条黏液线。明仔说："奇怪，蜗牛的黏液不是一条连续的，是断断续续的。"

妈妈又要查阅书了，原来，蜗牛会控制分泌黏液，防止身体脱水。

明仔笑了："一个节水小能手，下次设计节水标志，我就画一只蜗牛。"

明仔跪在地上看小蚂蚁搬家。和蜗牛相反，蚂蚁不是软乎乎、黏糊糊的，而是硬硬的，这是它的外骨骼。

妈妈说："在外面跑的都是干活的工蚁，门口巡逻的是兵蚁，你能分清楚吗？"

明仔说："太简单了，兵蚁个子大一号，头和上颚更大更强壮，就好像是士兵和农民的区别。"

明仔撒了一点面包屑，越来越多的蚂蚁被吸引过来了。一支浩浩荡荡的蚂蚁队伍在搬运。妈妈问："你知道蚂蚁是怎么通知同伴的：快来呀，这里有好吃的。"

明仔说："你没有看见吗？他们用触角打招呼了。一个传两个，两个传四个，四个传八个，八个传十六个，十六个传三十二个，三十二传六十四,六十四……哎呀算不过来了。"

妈妈说："你看到了蚂蚁用触角交流，你没有看到的是蚂蚁会留下外激素，去的蚂蚁越多，留下的气味就越重，你现在知道了吧！蚂蚁为什么都是排着队走，因为是跟着前面留下的气味走。"

明仔看累了，妈妈和他坐在大树下，继续看书。"蚂蚁的家是非常舒服的，里面就好像是安装了天然的空调，冬天暖和，夏天凉快，所以别的小动物也想进去呢。"

《去野外》这本书上说，臭虫、金龟子、苍蝇、蛾子、蜘蛛都会跑来借房子住呢。不过他们不交房租，为了避免被蚂蚁赶走，他们会伪装自己。

明仔问："怎么伪装，样子都不一样。"

"书上说，有些小动物会模仿蚂蚁的气味，学他们走路。有的能找到一些死掉的蚂蚁的尸体，把尸体表面的化学物质涂抹在自己身上，这样就有了蚂蚁的气味。"

明仔说："蚂蚁士兵这么瞎呀，气味一样，大小也不一样啊！"

妈妈说："可能他们混进去之后，就躲到蚂蚁的仓库里。"

明仔哈哈大笑："不交房租不交税，白白享受福利。"

蝉在枝头鸣叫。

明仔说："蚂蚁在干活，知了在唱歌，故事里是这么说的吧，到了冬天，蚂蚁就来教训知了。"

妈妈翻到蝉这一部分："是的，蝉在夏天唱歌，但是并不是因为他懒惰。而且也只有男孩子蝉才唱歌，是为了吸引女孩子。"

明仔说："我们上课学了《康定情歌》，知了唱《夏日情歌》。"

"对呀，大自然的安排就是这么奇妙。"

明仔说："确实太吵了，我们换一个地方看书吧。"

妈妈说，书上说有些种类的蝉鸣非常尖锐，不仅人类的耳朵受不了，连狗都会焦躁不安狂叫不已呢！

明仔问："蝉自己不怕吗？"

妈妈说："他们也要把自己的耳朵保护起来，他们的鼓膜是折叠的，这样耳朵内部就不会被噪音损伤了。蝉还有一种本事，如果你抓它，它会释放出一种液体，不是撒尿，是为了减少一点体重，跑得更快。"

◆ 你看到的

明仔说："喔，下次跑步考试，我先上个厕所。"

路边有人卖知了。

明仔过去问："你抓知了的时候它有没有吓尿了？"

卖知了的人说："你买一只回去试试看？"

明仔说："我的鼓膜没法折叠，我还是不要了吧。"

图书介绍

● 《去野外》

（[葡] 伊内斯·特谢拉·多罗萨里奥 玛利亚·安娜·佩谢·迪亚斯 著 张晓非 译）

2015 年博洛尼亚处女作金奖作品，诗意绘画和科学知识完美结合，是从孩子的角度观察世界、探索自然的百科书，也是亲子互动以及全家出游的工具指南。

◆ 明仔阅读年龄：九岁

◆ 明仔游戏：绘制生活小区的地图。

链接图书推荐

● 《写给儿童的中国地理》

（陈卫平 陈雨岚 王存立 刘兴诗等 著）

细腻绘制的地形图及人文景观图片，呈现出中国的地理山川。全书综合了从自然地貌、水文气候，到风物人情、典故传说。

妈妈感悟

◆ 今天的孩子在室内的时间太多了，却缺少户外的时间，缺少和大自然亲密接触的时间。而和大自然接触，并不一定要跑到遥远的地方，或者是去什么名山大川。大自然的奥秘就在我们的楼下、我们的院子里、我们的小花园里藏着。

● 不是我看到的 ——

◆

卖妈妈

◆

"啊！"妈妈发火了，抓起一盒抽纸，一把一把揪出来，往明仔身上砸。

他飞快地跑了出去。

妈妈怀抱着一个马上要爆炸的火药桶，蹲在厕所，开始刷马桶。

之前写了几个和孩子读书的小文，对自己和孩子都进行了表扬和自我表扬，搞得读者都以为"你可真是一个有爱心的妈妈呀"。

唉，其实，妈妈是一个情绪控制力很差劲儿的人。

今天妈妈写稿子，明仔在一旁写作业。因为房子很小，不可能给他一个独立的书房。

明仔一会儿问这个字怎么写，一会儿问那个字怎么写。

开始妈妈还耐着性子一遍一遍地说你查字典，或者用拼音代替。

他还是隔一会儿就问："'灵鸡一冻'，是这样写的吗？"

妈妈忍耐着说："全部写完了再问我。"

他又问："快写完了，最后我这样写，叔叔心想这是谁干的呢？我说我知道。"

明仔说，我要把坏脾气的爸爸妈妈卖掉。

● 不是我看到的 ——

妈妈焦躁了："这样写不对！人家怎么想，你怎么知道？"

"这是我写的呀，我当然知道他在想什么。"明仔语气也开始焦躁。

妈妈终于爆发了："这是你的作业，怎么写，随便！你要问我，我当然提出我的意见，改不改，随便！"

就这样，妈妈看书、写稿的时候，就进入了另外一个世界，如果一再被打断，就好像被强烈的龙卷风撕扯，全部理性都会变成碎片。

恢复理性的方法就是干家务。妈妈把马桶刷完，心情平复了，去找明仔。

他蜷缩在一个纸盒子里。

妈妈说："对不起，撤销刚才的话可以吗？"

明仔扭过头："超过两分钟，无法撤销。"

"忘记刚才的事情，好吗？我们重新开始。"

"我可以忘记。"他说，"但是我还是生气。"

"我给你讲生气的故事，好不好？"

妈妈拿着《菲菲生气了》《生气的亚瑟》《野兽国》，挨个讲。生气的小孩会喷火，会把宇宙摧毁。在《野兽国》里，妈妈骂麦克斯："野兽！"麦克斯说："我要吃掉你！"结果妈妈没让他吃晚饭，把他关到了房间里。麦克斯航行到了一个野兽出没的地方。"别动！"麦克斯的眼睛一眨也不眨，盯着它们的黄眼睛，用魔法驯服了它们，成了野兽之王。麦克斯让野兽们尽情吵闹起来，等闹够了，大喊"停！"麦克斯不让它们吃晚饭就让它们去睡觉了。可是野兽之王突然感到孤独，他又航行回到了他自己房间。他的晚饭正等着他，饭还是热的。

明仔笑了，说："我也给你讲一个故事，我刚才也去了一个地方。我去了跳蚤市场。"

妈妈蹲在他旁边："喔，你卖什么呢？"

"卖爸爸妈妈。"

明仔说："我在吆喝：快来买呀，便宜大甩卖啦。最火爆的妈妈，免费使用一天，保证你们家乱成一团糟，再也没有收拾房间的苦恼！买回去你们家一冬天都不需要开暖气，随时火花四溅，随时看烟花爆炸表演！买一送一，买一个妈妈送一个爸爸，静音效果最佳的爸爸，一整天没有一点声音，绝不会有人唠叨你写作业的问题！"

妈妈问："卖掉以后，你准备干什么呢？"

"再买一个爸爸和妈妈。随便买一个，哪个便宜买那个。买回来好好教育他们。便宜哪能买到好的爸爸妈妈？"

"很想知道你怎么教育爸爸妈妈的。"

明仔瞪圆眼睛，竖起眉毛："坐好。坐好。站没站相，坐没坐相。别人看见了，以为我们没家教！动个没完，屁股上有疗吗？就说你呢，别看别人！"

妈妈配合坐好："还有吗？"

"小孩说话的时候，大人别插嘴！唠唠叨叨唠唠叨叨，谁喜欢这样的妈妈，啊！"明仔瞪着妈妈。

"最重要的一课，要教爸爸妈妈笑。别老拉着脸。"

妈妈说："我不是拉着脸，这就是地心引力，时间长了，皮松了，肉往下耷拉。"

他眼睛眯起来，嘴角翘起来："我怎么就没事儿？我比你力气小，我的脸比你的脸还距离地板近。我为什么就能打败地心引力？"

妈妈一咧嘴，"是这样吗？"

"太假了，太假了，重新笑，重新笑。"

妈妈笑出了声。

"好了，保持这样的笑容，就好卖了。"

妈妈说："那你赚钱了吗？"

"赚啦，把那些爱发脾气的爸爸妈妈教育好了，卖了钱，再把自己的爸爸妈妈买回来。"

"为什么呢？你不是有一对教育好的爸爸妈妈吗？"

● 不是我看到的

"因为我要让你吃点苦头，才知道还是自己的宝宝好。"

妈妈向他张开双臂。

"别动！"他眼睛一眨也不眨，盯着妈妈的眼睛，用魔法驯服了妈妈。

妈妈和明仔抱在一起。

图书介绍_

● 《野兽国》（[美]莫里斯桑达克 著 宋珮 译）
一部划时代的作品，直击暗黑心灵，最后得到慰藉。
◆ 明仔阅读年龄：九岁
◆ 明仔语录：把那些爱发脾气的爸爸妈妈教育好。

链接图书推荐_

● 《菲菲生气了》（[美]莫莉·卡 著 李坤珊 译）
● 《生气的亚瑟》（[英]奥拉姆 著 [日]北村悟 绘 柯倩华 译）
这两本书，一个是女孩为主角，一个是男孩为主角，都呈现了孩子如
何消解愤怒情绪的过程。

妈妈感悟_

◆ 没有完美的父母，大人也会有情绪失控的时候。大人也要隔离冷静。
而孩子面对大人的怒火，往往也会有自我慰藉的方式。

12 个拥抱停止吼叫

"为什么要听你的？"明仔质问。

"因为我是大人！"妈妈大吼，"少跟我用反问句！"

"讨厌讨厌讨厌！"明仔跺脚。

随着明仔主见越来越多，妈妈和孩子的矛盾越来越多，隔三岔五就要上演一场火力对射。愤怒的情绪会传染，最后惹得爸爸出来怒吼一声，世界才清静。

这样下去可不行啊，需要学习如何控制自己，停止吼叫。正好心理学专家劳拉博士在首都图书馆讲座，妈妈决定去学习一下。

明仔也要跟着去，门口的工作人员说这是大人课，小孩子不能进去。

明仔严肃地说："我是陪读小孩。我来监督家长的学习效果。"

工作人员笑了，给他贴上一个徽章："父母平和，孩子快乐。"还说："如果吵闹，就得出来。"

明仔把右手放到眉毛上，一挥，说："没问题！如果妈妈不守纪律，我就把她带出来。"

劳拉博士非常平和、幽默，她告诉家长如何转变思维、控制情绪，她说："当局面失控时，请你牢记：所有不当行为都是因为基本要求没有得到满足。孩子渴望理解，他还是个孩子，已经做了最大努力！孩子愿意配合父母的最深层的原因是：他爱你，希望让你高兴。爱，是你对孩子产生影响的唯一途径。"

听完讲座出来，妈妈一边擦眼泪一边对明仔说："我当妈妈很没有经验，经常因为自己的原因对你发脾气，对不起。"

明仔大度地说："没关系，我当宝宝很有经验，你有什么不明白的就问我吧。"

回到家，妈妈、爸爸和明仔一起学习劳拉博士的书《父母平和，孩子快乐——如何停止吼叫，和孩子建立理想关系》。第一天学习后，明仔摘出了一句话抄在小黑板上——最优秀的育儿专家是谁？你的孩子。

明仔很快就展示了一个优秀育儿专家的技巧。一天，妈妈盯着卷子，鼻孔开始一张一翕。明仔马上说："深呼吸！"

妈妈两只手心缓缓下降，放慢语速说："不~错~，我看见你这个题目做对了，这个也做对了，这个开始做错了，马上改正了，不过，这个大题为什么空着……"

明仔也深呼吸："这个题目让我们想一想算一算，我就在心里想了想、算了算。"

"明白了，改了就行。"妈妈继续深呼吸，"嗯，今天我的肺活量得到了充分的锻炼。"

明仔笑嘻嘻地改完错题，还主动加了几个练习题，然后说："妈妈你进步很大，刚开始假装不生气，后来真的不生气了。"

"你怎么知道我开始是假装的？"

"因为你的声音开始是往下降的，低低的，后来变得往上跳的，欢快的。"

劳拉博士还说要专注地和孩子在一起，比如在孩子面前不要玩手机。以前吃完晚饭，一家人都低头戳电子设备，妈妈爸爸看新闻，明仔玩游戏。常常是以大喊大叫、威胁没收 iPad 收场。现在一家人约好，吃完饭以后去散步。有时候妈妈不由自主低头摸手机，明仔就捧着妈妈的脸，热烈地说："你的宝贝在这里！"

● 不是我看到的 ——

身体接触对控制情绪有奇效。家庭治疗专家萨提尔说："我们每天需要 4 次拥抱才能生存，需要 8 次拥抱才能维持正常状态，需要 12 次拥抱才能有所进步。"明仔将数字 12 贴在冰箱上，说："这是我们的维生素！"妈妈说："凑够 12 个抱抱，比吃足够的蔬菜还难呢。"早上起床，一个抱抱代替闹钟；上学告别，一个抱抱；下课见面，一个抱抱；一起洗碗，一个抱抱；完成一项家庭作业，一个抱抱；睡前故事，一个抱抱；晚安再来一个抱抱……

家里已经一个星期没有鸡飞狗跳了！睡前，妈妈给明仔讲故事，科学家做实验，给了小猴子两个妈妈，一个是棉花做的，一个是铁丝做的。棉花妈妈没有吃的，铁丝妈妈有奶瓶。小猴子尽可能抱着棉花妈妈，只在饿得不行了才去找铁丝妈妈，而且尽量远离铁丝妈妈。明仔说："对呀，谁会喜欢铁丝妈妈。"

但是有时候，小猴子也会扎人呢。晚上，明仔被罚写生字五遍，他一边写一边尖叫："讨厌讨厌！"妈妈深呼吸、蹲下来、抱着他，感受到两个人的呼吸由急促变得平缓，身体由僵硬变得柔软，妈妈尽量轻柔地说："期末复习要写这么多作业，还有很多重复的，你是不是很生气？如果大人要做很多重复的工作，每做错一次就要加倍受罚，大人也会觉得很生气。"

"是的，我很生气。要是能发明一种机器，让人看一遍就记住该多好呀。"

妈妈亲吻明仔，说，"我们一起想办法怎么看一遍就能记住。"

明仔抬头说："好的，我们一定能想出办法。"

妈妈说："你真是最棒的育儿专家！"

明仔点点头说："我知道。可是，有时候，我还是很生气。"

"我有时候也会生气。"

他又点点头："生气是很正常的。"

◆ 你看到的

图书介绍 _

● 《父母平和，孩子快乐》（[美]劳拉·马卡姆博士 著 聂传炎 译）
这本书本应该是给大人看的，可是如果你跟孩子一起读，那么，可以让孩子监督你成为一个更平和的大人。

◆ 明仔阅读年龄：九岁
◆ 明仔语录：生气是很正常的。

链接图书推荐 _

● 《平和式教养法》（[美]劳拉·马卡姆博士 著 孙璐 译）
针对多子女的教育。如果说一个孩子会让你发疯，那两个孩子、三个孩子恐怕发疯的程度会翻倍。如何让孩子停止纷争，保持亲密情谊，首先家长要保持平和。

● 《如何说孩子才会听 怎么听孩子才肯说》
（[美]玛兹丽施 著 安燕玲 译）
非常实用的技术。遇到困难的时候，你只要翻到相应的页面，对照做就好了，经常练习，你就可以成为一个很会说话的家长。

妈妈感悟 _

◆ 控制情绪是一件非常不容易的事情，大人有情绪，孩子也会有。最棒的育儿专家其实就是你的孩子，当你不知道怎么做，请向你的孩子请教吧。他们会展现出天才的方法。

● 不是我看到的 ——

◆

一个巴掌还是一个亲吻

◆

"讲故事时间到啦！"明仔叫唤，手上摇晃着一个小铃铛。

"作业写完了吗？"妈妈抢过铃铛，挂回玩具熊的脖子上。

明仔爽快地回答："写完了！"

妈妈又问："检查了吗？"

明仔没那么爽快："唔，等你来检查。"

妈妈翻开作业开始检查，"怎么回事儿？"妈妈的眉头往中间一挤，好像竖起了两道刺，"六道题错了两个！错了三分之一！"

"还有三分之二是正确的呢！"明仔不服气地争辩。

"计算题还能错？"妈妈声音提高了。

"计算题为什么不能错？"明仔调门也提高了。

"什么态度！错了就乖乖地改，还有理了！你！"妈妈的鼻子开始喷火。

明仔迟疑了一下，"妈妈，你，是不是，缺，抱抱？"他往前走，想抱妈妈。

　　明仔吻了一下自己的玩具熊，说："送一个吻给爸爸妈妈。"
　　明仔把玩具熊递给了妈妈，妈妈把玩具熊贴在脸上，
　　接过了吻，又把这个吻送给爸爸。
　　爸爸回赠妈妈。
　　明仔叫唤，摇晃着玩具熊和熊脖子上的小铃铛：
　　"太多了，太多了，还得回一个吻给我呢！"

● 不是我看到的 ——

"走开！"妈妈一巴掌扫过去，计算纸纷飞，铅笔、尺子哗啦落了一地。

门开了，爸爸站在门口，"明仔你自己看故事书，妈妈你过来一下。"

爸爸关上书房的门："怎么了？前几天不是还在学习不发脾气吗？"

妈妈还在喷火："计算题都错！加法愣做成减法！就不能给他好脸，蹬鼻子上脸，什么态度！"

"做错题不是很正常的吗？他不会，就教他。他还不会，就换一种方法。如果孩子什么都会，还要教育做什么？"爸爸慢慢地说，倒了一杯水给妈妈。

妈妈咕咚咕咚喝水："知道知道，我的理性大脑知道怎么回事，但是情绪大脑没法控制！只要看到他计算题错，就急啊，百爪挠心啊。我知道自己不是在冲他发火，我从小数学不好，二年级了做二十以内的加减法还要看脚趾头。数学老师又特别厉害，脱了高跟鞋敲学生脑袋……有一次她站在我身后，我一慌，把减号抄成加号，她反手一巴掌，我的脑袋嗡嗡的。我看见明仔做错题，我的脑袋就嗡嗡的……"

"你看，你数学不好对你的生活有什么影响呢，但是你的老师态度不好对你的影响反而更大。"爸爸说，"我们关起门来说话，我宁愿明仔计算题全错了，也不希望你为此生气。"

妈妈歪着头还在生气："别装冷静，难道你儿子学习不好，你还高兴？"

爸爸说："那，怎么样？你打他一顿，我打你一顿，他学习就噌噌好了？"

有挠门的声音。爸爸说："妈妈马上出来和你讲故事。去吧，故事就是故事，作业就是作业。作业不是吃药，作业的奖赏就是成就感，不需要用故事做甜点。"

明仔站在门口，抱着小熊和书，眼睛忽闪忽闪："计算题我改正了，故事我也看完了，我讲给你们听吧。"

三个人坐在一起听明仔念小熊的故事："《给小熊的吻》：小熊画了一幅画，小熊让母鸡把画送给外婆。外婆也很喜欢这幅画，吻了母鸡，说这个吻送给小熊，你能帮我带给他吗？母鸡路上遇到了几个朋友，它想玩，把吻给了青蛙。青蛙想游泳，又把吻给了小猫。小猫在路上发现了一个睡觉的好地方，停下来把吻给了小臭鼬。小臭鼬很乐意去送吻，路上它又遇到

◆ 你看到的

了另外一只小臭鼬。女的。男的小臭鼬把小熊的吻给了女的小臭鼬，女的小臭鼬回给男的小臭鼬一个吻，男的小臭鼬又给女的小臭鼬一个吻。这时候，母鸡过来了，母鸡说，吻太多了，现在吻在谁哪里？还得还给小熊呢。母鸡把吻拿走了，跑到小熊那里，给了小熊一个吻。小熊说请你再带一个吻给我外婆，母鸡说我可不干了，那会乱成一团的。两只小臭鼬结婚了。小熊给新郎新娘送了一张画儿——画的是两个互相亲吻的小臭鼬。小熊还把外婆的吻送给新郎和新娘——他亲了两只小臭鼬一人一下。"

明仔一家都笑了。明仔吻了一下自己的玩具熊，说："送一个吻给爸爸妈妈。"明仔把玩具熊递给了妈妈，妈妈把玩具熊贴在脸上，接过了吻，又把这个吻送给爸爸。爸爸回赠妈妈。明仔叫唤，摇晃着玩具熊和熊脖子上的小铃铛："太多了，太多了，还得回一个吻给我呢！"

图书介绍 _

● 《亲爱的小熊：给小熊的吻》
（[美]埃尔斯·霍姆伦德·米纳里克 著
莫里斯·桑达克绘 王林译）
温暖有趣的故事，爱的传递。
◆ 明仔阅读年龄：九岁
◆ 明仔游戏：和爸爸妈妈玩亲亲！

链接图书推荐 _

● 《给爸爸的吻》
（[澳大利亚]弗朗西斯·沃茨 著 熊怡然译）
小熊不肯洗澡，不肯睡觉，怎么办啊，真是头疼。熊爸爸没有讲大道理，更没有生气，他用做游戏的办法解决了这一切。又是一本鼓励爸爸跟孩子一起读书一起游戏的书。

● 《我们要去捉狗熊》
（[英]迈克尔·罗森 著 海伦·奥克森伯里 图 林良译）
开始的雄赳赳气昂昂，到后来被狗熊吓得落荒而逃，太好玩了，如果是一群孩子来排演，该多欢乐啊。

妈妈感悟 _

◆ 孩子上学后，家长很容易被外在的评价标准所绑架，一旦孩子达不到希望的标准，就很容易把情绪宣泄在孩子身上。在我们忍不住要发脾气的时候，请提醒自己，亲子之间最重要的是爱。

● 不是我看到的 ——

◆

什么样的才是乖小孩?

◆

"过来，给你讲个乖孩子的故事！"妈妈举着闹钟，提醒睡前故事时间到。

"干吗？你想教育我？难道我不乖吗？"明仔警惕地躲闪。

"没有没有，没有说你不乖，"妈妈一边说一边打开书，"但是你整天看什么阿衰、疯了桂宝、淘气包的故事，我们也要平衡一下嘛。"

"淘气包的故事好玩，乖孩子的故事不好玩。"

妈妈保证这个故事好玩，不好玩，你别听。

明仔眼珠一转："如果不好玩，就罚你再讲两个。"

这一套书叫作小小豆豆系列，第一本是《我的名字叫豆豆》。

"豆豆？早就听过了！"明仔抗议。

"不是，不是窗边的小豆豆，是中国的小小和豆豆。一个男孩一个女孩，都是特别乖巧的好孩子。一年级的时候豆豆的爸爸妈妈闹离婚，每天晚上九点的三人快乐时光没有了，他就自己去洗澡，一边大声练习唱歌，在心里说：妈妈，妈妈我唱歌给你听，我们快乐一点吧。你

"别老说别的孩子乖，小孩从来不说爸爸妈妈不乖。"

● 不是我看到的 ——

看小豆豆多懂事，多省心哪。”

明仔反驳："你怎么不说他妈妈爸爸乖呢？他爸爸妈妈吵架，悄悄地。他妈妈难过也不当着他的面哭，还假装看书。他爸爸虽然和别人结婚了，还是经常来看他。"

"这个问题离我们有点远，不谈了。"妈妈继续讲，"二年级的一天，豆豆放学回家没有带钥匙，坐在楼梯上写完了作业，一直在楼门口等妈妈。又冷又黑又饿，他没有哭也没有乱跑，一直等到妈妈回来……"

"这算什么乖？这叫被逼无奈。"明仔打断妈妈，"豆豆妈妈根本没有尽到监护人的责任。二年级怎么能没有大人接送呢？"

妈妈结合上下文解释："因为豆豆爸爸妈妈离婚了，爸爸搬去了另外的城市，妈妈上班很忙。他就在大学校园里的附属小学上学，距离也不远，所以妈妈就锻炼他自己回家。"

"要是周围都是认识的人，为什么豆豆妈妈不请别的妈妈送他回家呢？"

"这一天有突发情况，妈妈没有及时赶回来，豆豆就自己坐着等喽。"妈妈试图引导明仔向豆豆学习，"如果你碰到这种情况，能不能乖乖等着大人回来？"

"我？我才不会一直坐在楼门口呢，我就自己上邻居家玩去。"明仔说，"你不是说他们住在大学里吗？楼上楼下都是妈妈的同事。我只要说妈妈还没有回来，我也没有钥匙，邻居阿姨肯定会给我好吃好喝，让我暖暖和和的。"

"那妈妈回来看不见你，还不得急死。"

"可以借邻居的电话，给妈妈打个电话。也可以在门缝底下画一个箭头——请跟着箭头走，就能找到失落的宝贝。"明仔摩拳擦掌，准备开玩寻宝游戏。

妈妈把他按住："故事还没有讲完呢。你看豆豆脖子疼，做手术也不哭，和妈妈约好：要是不哭，请吃冰激凌，一次吃五个！"

"五个！吃完，脖子好了，肚子坏了。"明仔噘着嘴，"我上次拔乳牙也没有哭，才要了一个冰激凌。冰激凌还是医生让我吃的。为了止血，我忍着疼，吃冰激凌。我才是超级乖！"

妈妈不理他，继续讲："豆豆的妈妈要结婚了，豆豆说李叔叔先是想要我这样的儿子，然后才爱你的，所以我立了大功，妈妈你送我礼物……"

明仔大声念道："一辆玩具车、两个变形金刚、三盒拼图，还要去水上乐园，还要一百个亲亲！这是他结婚还是他妈妈结婚？"

妈妈笑："你觉得妈妈结婚，应该送妈妈礼物？"

"不是吗？平时都是爸爸妈妈干活，现在让新爸爸和老妈妈休息，他当 handhelper（帮手），端茶送水，随叫随到！"明仔模仿着忙前忙后的样子，端过来一杯水，"不用谢，小费只需要一个亲亲！"

妈妈喝了一口水，在明仔脸蛋上亲了一口。

明光仔抹一把脸："湿乎乎的，都滴水了。要这样——"他像小鸟一样轻轻啄。"别老说别的孩子乖，我从来不说爸爸妈妈不乖。"

● 不是我看到的 ——

爱玩游戏的小屁孩

哒哒哒，戳戳戳。我们都是低头族。

妈妈低头戳微信，明仔低头戳游戏。

不好，爸爸来啦！

妈妈把手机一扔，明仔把 iPad 藏到屁股底下。妈妈抄起一本《小屁孩日记》，绘声绘色开讲："这一本叫作偷鸡不成蚀把米……"明仔瞪大眼睛支着腮帮子，做聆听状。

爸爸亲切地走过来，温柔地把书扶正："拿反了哈。"

"反了也能看，我对这个故事已经倒背如流。"明仔英勇地跳出来解救妈妈。嗯，这个故事就是说小屁孩爱玩游戏《魔法与怪兽》，每天都要去同学家玩。小屁孩的妈妈也跟着去玩。这个游戏的精髓在于尽可能地杀死怪兽，积累经验值，然后升级，可是妈妈好像没有搞懂。小屁孩遭遇了一群饥肠辘辘的半兽人，他本来想杀死怪兽，可是妈妈说："那我们就把所有的食物都给他们！"

"后来呢？"爸爸饶有兴趣地问。

◆ 你看到的

"嗯，还没有看完。"

爸爸说："那好吧，咱们来说说玩游戏的事情，你为什么喜欢玩游戏？"

明仔说："妈妈也玩游戏。小屁孩也玩游戏。"

妈妈说："哪有，我在工作。"

爸爸坐下来，问："妈妈你为什么回到家不陪明仔，让他一个人玩电子游戏？"

"我，顺便不是就有空儿工作了吗？"妈妈有点理亏，找补："我少工作，少玩手机，我们一起玩游戏，爸爸妈妈小时候也玩游戏，我跳绳、打球、画画、手工……"

"我也打球啊，我有乒乓球课。我也画画，有美术课，手工课还织毛衣呢。我都上一天课了。"

爸爸提醒："你不是也喜欢乐高玩具吗，为什么不玩乐高玩具？"

"我也有乐高课呀。"明仔很不满，"所有喜欢玩的都是在上课。只有电子游戏没有课。"

妈妈说："看来我要给你报个班了。把星期天都占上喽。"

明仔尖叫："那你还是杀了我吧。"

爸爸说，电子游戏也可以玩，一个是控制时间，另一个是控制内容。首先看看你玩的都是什么。反恐精英？这个不好，太暴力。海盗奇兵？还是暴力。

"我玩'诺曼底登陆'总可以了吧。可以学历史。"

"不行，太血腥。"

"不打架不杀人的那只有'我的世界'了。"

明仔调出游戏，妈妈爸爸凑过去看。妈妈说："这屏幕坏了？显示精度怎么这么差，人都是一格一格的？"

明仔说："嗨！就是这样的，减少内存。自己建房子、农场、养鸡。"

爸爸批准说："这个游戏可以玩。但是时间呢，你自己掌握。小屁孩也不是想什么时候玩就什么时候玩。"

明仔讨价："我写完作业行吗？每天半个小时。"

● 不是我看到的 ——

爸爸还价："时间太多了，对眼睛不好。每周半个小时。"

明仔摊手，没法玩，半个小时连一关都过不了。

爸爸出底价："那好，每周一个小时，你写完作业，到爸爸这里来拿 iPad。"

没有游戏玩，明仔每天写完作业就抓耳挠腮。不久他从《小屁孩日记》得到启发，自己画了一个纸上的《我的世界》，还在学校课间邀请同学们一起玩建农场、搭房子。不过这个游戏很快就因为减负而宣告停止。因为放学以后不能留家庭作业，所有的作业都需要在学校完成，课间忙得根本没时间玩游戏。

明仔愁眉苦脸，小屁孩太可怜了，唯一不用考试的游戏就这么被你们剥夺了。

爸爸心软了，"说好吧，iPad 还给你，你自己控制吧。我相信你。"

妈妈也表态："我也把工作放下，晚饭以后妈妈就把手机关掉。"

晚上，妈妈看见明仔抱着《小屁孩日记》在看，很奇怪，怎么没在玩游戏？

明仔说："喔，让随便玩，也没那么有瘾了。看书也挺好玩的。"

"那我也想知道，小屁孩爱玩游戏的事情后来怎么样了？"

明仔哈哈大笑，解决游戏的方法是小屁孩的妈妈把买了好多关于《魔法与怪兽》的书，让小屁孩和他哥哥一起玩。妈妈说可以加强兄弟的沟通磨合，还可以提高数学技能。小屁孩去找哥哥玩，游戏很快就结束了，哥哥说："你和你的那群呆瓜队友跌入了布满炸药的深坑，当场炸死，全剧终。"

图书介绍 _

● 《小屁孩日记》（[美] 杰夫·金尼 著）

这几年非常受欢迎的一套儿童文学，也是很少有的描写青春期心理的现实主义题材，非常幽默。

◆ 明仔阅读年龄：九岁

◆ 明仔语录：让随便玩，也没那么有瘾了。

链接图书推荐 _

● 《小淘气尼古拉的故事全集》

（[法] 勒内·戈西尼 著 [法] 桑贝 绘 戴捷 梅思繁 译）

戈西尼和桑贝，这对文学艺术大师珠联璧合之作。一个永远长不大的小淘气，周围的大人都陷在各种各样的苦恼里，相比起来，孩子的淘气仿佛水晶一样的透明。

妈妈感悟 _

◆ 电子产品时刻在和书籍争夺注意力，当我们抱怨孩子沉迷于电子游戏，沉迷于手机聊天、沉迷于电视电脑，不妨反躬自问：我们又花了多少时间在读书呢？又花了多少时间和孩子一起玩呢？

● 不是我看到的 ——

"有些东西是永远不会离去的。"

◆

在雪花中寻找彩蛋

◆

　　冬至过去了，小雪过去了，大雪也过了，还是没有下雪。

　　明仔和妈妈一边阅读《口袋里的雪花》，一边期待今年冬天的第一朵雪花。

　　《口袋里的雪花》里有一只可爱的小松鼠，他只见过三个季节，还没有见过生命中的第一场雪呢。小松鼠最好的朋友是大熊，大熊他已经见过了一百多个季节，也许更多。

　　明仔就像小松鼠一样问："什么时候下雪啊？"妈妈说："看天气预报。"天气预报报过好几次要下雪，第二天雪花却成功地绕过了北京，落到了北边、南边、西边、东边。

　　妈妈还记得明仔第一次见到雪花的时候是那么的兴奋。那时候他也像小松鼠一样，只见过三个季节呢。雪花一片一片飘落，一片比一片更大。他眼睛瞪得大大的，目光追随着雪花落到手上，一点点一片片。明仔一眨眼，雪花便消失了。他使劲睁大眼睛，不敢眨眼，雪花还是消失在手心里。那时候他既不会动，也不会跑，只能用他圆溜溜的眼睛表达惊讶。

　　现在的明仔依然瞪大了眼睛看《口袋里的雪花》，他想知道艺术家是如何像变魔法一样，把生活中的事变成一个故事留在纸上。这雪花无论多长的时间都不会融化，无论多远的人都

◆ 你看到的

用他圆溜溜的眼睛表达惊讶。

● 不是我看到的 ——

能够看到。

妈妈介绍说："一个秋天，画家阿姨带着儿子扁豆在树林散步、看到小松鼠忙忙碌碌搜集过冬的松果。这种稀松平常的景象却激发了艺术家的创作激情，用剪纸留住了小松鼠的憨厚可爱。编辑阿姨和叔叔看了剪纸的小松鼠形象，很喜欢，又邀请作家阿姨给小松鼠写了一个故事。画家阿姨前后花了五年的时间，创造了这个雪花世界呢。"

明仔伸出小手抚摸封面上的小松鼠，咯咯笑着说："红色的小松鼠戴个蓝色的帽子露出两个尖尖的小耳朵，可真像一个小板栗，特别可爱。"

妈妈说："不光小松鼠是剪纸做出来的，这个书名也是特别设计的，是画家的宝宝扁豆手写、阿姨再用剪刀剪出来的。"

明仔说："啊，怪不得看着就像一个小孩子写的字。"

在妈妈看来这是一本描写大熊和小松鼠之间深厚情谊的书，明仔却在阅读中享受了寻找彩蛋的乐趣。

第一个大跨页是森林秋天的景色。妈妈看到了色彩斑斓、层林尽染的森林。而明仔却说："树林里藏着好多小动物呢。树林边有狼，河边有小乌龟、小蟾蜍，树顶上蹲着猫头鹰，树洞里藏着小刺猬、小熊猫，树丛里还露出了野猪的长长的鼻子。还有好多小兔子，每只小兔子都不一样，有的在捉迷藏、有的在奔跑，还有一只小可爱在看书。"

"哇！"妈妈说，"真的只有小朋友的眼睛才能像放大镜一样发现隐藏的小动物。妈妈猛地看过去，只看到了一片秋天的丰收景象。"

妈妈说："大熊和小松鼠在一起扫落叶捉迷藏搜集果子，其乐融融。"明仔说："你看他们吃的莓子上还有弓着背的小毛毛虫呢。"

大熊闻到了雪的气息，说："他就要来了。"小松鼠很激动，说："谁？今天晚上就会来吗？"

明仔说："妈妈，远远的有猫头鹰的剪影，1、2、3、4、5，是五只猫头鹰，我觉得这就是画家他们一家人。他们听到了小松鼠和大熊聊天，就写了下来。"

在小松鼠的家里有各种各样的玩具，明仔像发现了宝藏一样，说："这是一套托马斯小火车，这是托马斯最好的朋友培西。这一定是画家阿姨的宝宝扁豆最喜欢的玩具。墙上写着字，那也一定是他学写的中国字吧。"

小松鼠墙上还挂着一幅画，明仔说："画的就是秋天的森林啊。"

小松鼠终于见到了雪花。有一页挖了一个洞，从前一页看是小松鼠的背影，踮着脚撅着屁股趴在窗户往外看雪景。翻过来，明仔看到了树洞里的小松鼠的惊喜的脸。明仔笑着抚摸小松鼠的笑脸。

妈妈说："你看这幅雪景不是一片白茫茫，而是一个绚丽而有层次的世界。从上往下，有粉粉的背景，浅蓝的远景，透明的深蓝，还有灰白色。"

明仔说："雪地里也藏着好多小动物呢。奔跑的鹿，留下了小脚印儿。雪堆里还冒出了一些小兔子，有一只在打瞌睡，有两只在亲亲。"

真的呢，动物的白色跟雪融为一体，妈妈不仔细看，以为只是一些树枝枯草。

大熊不能出去看雪了，妈妈说因为大熊病了。明仔说是因为它要冬眠了。小松鼠替大熊去雪地里撒欢，玩所有的游戏。

明仔津津有味看着小松鼠玩的每一个游戏："哇，妈妈、妈妈，它在堆雪天使呢。有个小尾巴的雪天使，就是小松鼠自己。没有尾巴的就是大熊。"

大熊无法出来玩，小松鼠要挑选一朵最美的雪花带给大熊。明仔在小松鼠挑选雪花的那一页看了很久，他说："每一片雪花都不一样，每一朵都好看。"

最后一页是从天上往下看的森林的冬景，和第一个跨页形成了一种呼应。

明仔说："这里面还有很多彩蛋。第一页有一只狐狸在溜达，最后一页狐狸饿了在追小鸟，小鸟已经扑棱着翅膀快要逃走了。前面那些捉迷藏、跑跑跳跳的小兔子们也在玩雪，有的堆雪兔子、有的玩雪橇。第一页看书的小兔子还在看书呢。我知道了，这书一定是小兔子从小松鼠家里拿的。有一个兔子拄着拐杖，这一定是兔子奶奶。有一只小兔子在招惹小鹿，扔雪球闹着玩，有一个雪球停在半空中。太有意思了，画家怎么能画出这么小的小可爱？"

妈妈说："这就是艺术家的精细之处了。让你每次看都有新的发现。大熊说，雪花来了又去了，但是有些东西是永远不会离去的。你知道是什么吗？"

明仔搂着妈妈的脖子，亲了亲妈妈，说："我知道，是爱。明天下雪了，我们一起玩冰雪游戏。"

◆ 你看到的

图书介绍

● 《口袋里的雪花》（［英］瑞秋·布莱特 著 郁蓉 绘）

小松鼠盼望已久的第一场雪来临了，可是大熊不能陪他去玩耍。小松鼠替两个人尽情玩所有的游戏，并把最美的一朵雪花装在口袋里带给大熊。大熊没有见到这朵雪花。"雪花来了又去了，但是有些东西是永远不会离去的。"

◆ 明仔阅读年龄：十一岁。
◆ 明仔游戏：堆雪人、打雪仗。

链接图书推荐

● 《雪景》（［美］理查德·杰克逊 文 劳拉·瓦卡罗·希格 图）

下雪了，近处是什么？稍远一点呢？再远一点呢？以简单的问答，让小读者猜猜看接下来会发生什么，吸引读者寻找下一幅图画的线索。《雪景》每页都可与下一页无缝连接，形成了一幅从开始下雪、到雪停、再到雪化滋润万物的长长的画卷。季节也在悄然转变，跨越冬、春、夏，最后再次出现雪覆远山，留下一个开放性、令人回味的结尾。

● 《雪晚林边歇马》

（［美］罗伯·佛洛斯特 文 ［美］苏珊·杰佛斯 图 余光中 译）

《雪晚林边歇马》是绘本诗，绘画与诗歌相结合，描绘出冬天的森林，雪景的明暗层次及空间结构巧妙搭配，勾勒出一个静谧隽永的世界。

妈妈感悟

◆ 日常生活中再美好的事物和关系，都会越来越熟悉，最后似乎变得理所当然。我们要像孩子一样满怀着对这个世界的好奇，要像期待生命中第一片雪花那样期待每一天的到来。

"捏你的胖脸，一会儿揉成方形，一会儿捏成三角形。"

◆

突然，外公变成一只猫

◆

突然，外公变成了一只猫。小哥俩托马斯、托莱都呆住了，从来没有发生过这样的事情。"喵！"猫咪外公在地板上发出一声猫叫。

"这个故事太酷了！"明仔推荐给妈妈看。《外公突然变成猫》这本书讲的是小哥俩托马斯、托莱和他们的外公三个人组成了一个乐队，每天在地下室自编自唱，疯狂又快乐。可是有一天外公做好了树莓果汁和煎饼，准备吃饭时，突然变成了一只猫。

妈妈说："蛮好玩的。嗨，你说，如果你的外公变成一只猫，你觉得会怎么样呢？"

明仔想了想说："还是这样吧，外公本来就很安静。猫也很安静，可能变成了猫，你们都不会发现。而且外公还是可以和我去遛弯、去河边钓鱼。如果是爸爸变成了猫，可能也没有什么两样，还是坐在电脑前，敲键盘。不过个子变小了，冬天可以趴在主机上睡觉。暖和。"

妈妈笑，"那如果是外婆变成了猫呢？"

"哈哈，外婆就会像一支乐队一样整天唱：喵喵，喵喵喵，喵喵——"

◆ 你看到的

"妈妈我呢？"

"你？"明仔摩擦双手，好像在用隐形肥皂洗手，"太好了，你要是变成猫，就不能管我玩游戏了。"

"我太能了！你玩游戏时间一过半个小时，我就跳起来按住屏幕！"妈妈做伸出爪子状。

"你那么胖，够得着吗？小胖腿跳啊跳啊。"明仔沉浸在想象的喜悦中，"作业呢，你想管也管不了。我想写就写，不想写就不写了。"

"写完作业还得家长签字呢！"

"你只好盖个猫爪。"

"你写不好，我就不给你盖猫爪！"

"那我只好告诉老师，今天的作业被野猫挠成条条了。"

"真沮丧，妈妈在你心中就是一个催作业的闹钟。"

明仔说，"那你表现好一点，首先作业减负，二，别大喊大叫，三，增加游戏时间。我再给你下载一个小猫玩的游戏。"

现在外公没法洗碗了。猫咪外公一跃而起，跳上了厨房的操作台，开始舔盘子。好像在告诉小哥俩"应该洗碗了"。一阵"乒乒乓乓"之后，两个人洗完了碗。

"如果家长变成了猫，很多事情你就得自己做了。"

"没事儿，"明仔学着东北腔，"叫——外——卖。"

"开家长会呢，你请一个兼职妈妈吗？"

"喔，没关系，你趴在屋顶上听。"

"好像家长变成猫，也没什么能难倒你的了。"

"如果外公变成了猫，是不是也需要你保护？"妈妈问。

"对呀，我还得照顾你们，你们最喜欢的饮料是鱼血，我会给你们准备原味鱼血、柠檬味鱼血、混合鱼血，最便宜的是榴莲味鱼血，最贵的是阿拉斯加纯鳕鱼血。我不会让你们吃猫粮的，我给你们做新鲜鱼饭，自制鱼干零食，纯天然无污染零添加。"

解决了吃饭问题，明仔开始考虑精神问题："外公最大的麻烦是不能做数独了。外公每天都要做北京晚报上的数独游戏。要是外公变成了猫，只好我来帮助外公了。需要填什么数字，外公就喵喵叫。一就叫一声，二就叫两声。我帮外公填。"

"如果是妈妈变成了猫，你也得照顾我呀。"

"行啊，我就帮你挠双下巴，薅你的背毛；再帮你翻个面儿，揉你的胖肚子；再翻个面，捏你的胖脸，一会儿揉成方形，一会儿捏成三角形。"

"美得你，这只是一个瞎编的故事，又不是真的。"妈妈撇嘴。

明仔深沉地说："我们总以为有些事情只会发生在别人身上，其实我们在别人眼里也是别人。"

妈妈吓了一跳："天哪，这话是你说的吗？"

"不是啊，是卡尔文的爸爸妈妈说的。"（卡尔文是《卡尔文与霍布斯虎》里的人物）

他很怜悯地看着妈妈："小时候总以为大人会把一切事情都安排好，长大了就会知道大人也会束手无策。"

妈妈一声长啸："喵——"

明仔给妈妈扣上一顶黑帽子，开唱："戴上太阳镜，戴上黑帽子，就像黑猫，让我们摇滚！耶耶耶，突然变成猫！"

图书介绍 _

● 《外公突然变成猫》（[挪] 黑格·托尔 著）

大人和孩子之间的颠倒，照顾者和被照顾者的角色转换。

◆ 明仔阅读年龄：九岁

◆ 明仔语录：小时候总以为大人会把一切事情都安排好，长大了就
会知道大人也会束手无策。

链接图书推荐 _

● 《变色猫与月亮冰激凌》（[澳] 吉莉安·米尔斯 著）

一只尾巴会变色的猫和主人穿梭在各个城镇之间寻找心形的东西，为
大家制作能使人重获快乐的月亮冰激凌。很美好的故事。

● 《爱讲故事的小鱼儿》（[英] 唐纳森 著 范晓星 译）

太逗了，一个分不清想象和现实的小鱼儿特别喜欢编故事，最后他被
自己的故事救了。

● 《卡尔文与霍布斯虎》（[美] 比尔·沃特森 著 杨鹏 张帆 译）

小卡尔文将自己心爱玩偶霍布斯幻想成一只富有生命、博学的老虎，
作者透过两人的互动来呈现儿童的异想世界。

妈妈感悟 _

◆ 隔代抚养在大家庭的时代不是一个问题，而今天却时常要讨论隔
代抚养的利弊。如果成人能够建立好两代人之间的界限，那么让爷爷
奶奶协助照顾孩子，其实既有助于老人和孩子的情感联系，又能增进
孩子对人际关系的认识。

● 不是我看到的 ——

◆

海盗最怕换尿布

◆

家里太忙，爸爸找了一本《金银岛》给明仔看。9 岁的明仔第一次看完了一本没有图画、纯文字的书，15 万字呀。

妈妈称赞说："我像你这么大的时候还没有看过长篇呢！"

"淡定！"爸爸说，"他们班那些爱看书的同学都是蚕吃桑叶一样，一会儿一本一会儿一本。你的大学同学宛伶的孩子还写长篇小说呢。"

明仔说："我只是一个普通儿童，请不要拿别人家的孩子和我比。"

爸爸说："我这么大的时候，也看长篇了！"

明仔问："你看什么书？"

"嗯，《苦菜花》！"

明仔问："那是什么书？"

"嗯，不适合孩子看的书。"

妈妈说："我大概是五年级才第一次看长篇小说，是魏巍的《东方》。嗯，也是不适合孩子看的书。还是现在好，适合孩子看的书汗牛充栋。"

明仔每天看二三十页，看一两章就自己截断："吉姆吃点喝点，睡觉了，我也睡觉了。"断断续续地看了一周。

妈妈问："你不想一口气看完吗？"明仔说："干吗着急？你看《生活大爆炸》不也是一个星期才看一集？"

"你还记得看过的内容吗？不会是狗熊掰棒子，边掰边扔？"

"去！你以为我是鲔鱼，记忆只有十五秒？"明仔很不满意。

妈妈大笑："考考你，里面的海盗怎么唱歌的？"

"十五个人站在死人的箱子上——唷嗬嗬，朗姆酒一瓶，快来尝！其他人都做了魔鬼和酒的祭品——唷嗬嗬，朗姆酒一瓶，快来尝！七十五个人出海，只有一个人回来！"明仔手舞足蹈地唱着。

"没错，真的记住了。"妈妈翻开书对照。"你想不想尝尝朗姆酒？"

"我可不想像船长那样因为朗姆酒喝太多，中风脑血栓死掉了。"

"船长是海盗吗？"

"你自己看去！"明仔很不耐烦，这亲切友好的交谈还怎么继续呀！

很惭愧，妈妈没有看完这本书，也不喜欢。"因为这里面没有女人，都是男孩和海盗。"明仔说："里面只有一个女人，就是吉姆他妈，是个跑龙套的。只活了二十页。在电视剧里顶多活两集。"

爸爸说："这就是不同性别的阅读偏好，这种冒险书是典型的男孩子读物。"

"就像男人喜欢看的动作片，女人只负责尖叫。"妈妈说，"不过我愿意从另一个角度思考这件事。《金银岛》是一百多年前的书，当时女人别说冒险，连工作机会都很少。后来的冒险书就不一样了。比如罗琳小时候爱看的《世界第一少年侦探团》(The Famous Five)，里面就加入了两个女孩子，不过这两个女孩子，一个胆小爱哭，最喜欢收拾房间，是典型的女性形象；

● 不是我看到的

另外一个女孩子很勇敢，却是个假小子，最讨厌别人把她当作女孩——这也是一种性别偏见。难道只有男孩才勇敢、喜欢冒险吗？"

明仔说："有，我们班的小种子，比男孩还威武，大家都叫她女—汉—子！"

"看，女汉子这种称呼就是一种偏见。在美国这得算政治不正确了吧。"妈妈说，"男人能干的事情，女人也能干，不能说一个女人干男人能干的事情，就说她不像女人。但是也不能矫枉过正。"

明仔瞪大眼睛："听不懂，请举例说明。"

"比如说《金银岛》的故事里没有女孩子，现在的冒险故事女性逐渐占据主要地位，比如《神奇树屋》《移动迷宫》里面的男女角色平分秋色，《饥饿游戏》里拯救世界的是女孩子。以前的故事都是王子拯救公主，白雪公主躺在那里一动不动。现在迪士尼新拍的《长发公主》，公主比王子还能打。"

爸爸说："这功夫公主还用得着拯救吗？她自己不想出来吧。我补充一点意见，最好不要笼统谈男人女人，具体到每个故事，人物都不一样。"

妈妈说："那具体说，罗琳看着《世界第一少年侦探团》长大，但是她写的《哈利·波特》里面的女主角是学霸，笑料都出在另一个男配角身上。"

明仔举牌："反对，这是歧视男生！"

妈妈笑："我又要笼统来说了——男孩喜欢冒险这是进化的需要，原始社会男人们出去打猎，女人在家里聊天带孩子。但是时代变了，现在男人也可以在家带孩子，统计数据说爸爸带的孩子更聪明呢。所以，冒险故事也可以变呀。"

明仔说："变得更搞笑！比如《金银岛》里的海盗怕枪，《海盗从不换尿布》里，那些天不怕地不怕的海盗，只怕给小宝宝换尿布！"

　　　　　　　　　　　　　◆ 你看到的

图书介绍 _

● 《金银岛》（[英]斯蒂文森 著 张贯之 译）
经典的冒险成长故事，适合九岁以上孩子。
◆ 明仔阅读年龄：九岁
◆ 明仔游戏：围绕同一主题的阅读，和爸爸妈妈一起讨论。

链接图书推荐 _

● 《海盗从不换尿布》
（[美]梅林达·朗 著 [美]大卫·香农 绘 任溶溶 译）

● 《天哪，海盗来了！》（[芬]毛里·库纳斯 著 杜钟瀛 译）
都是颠覆性的重写海盗故事，在这里海盗不是可怕的形象，而是一些
鲁莽而滑稽的人物。

妈妈感悟 _

◆ 喜欢冒险是孩子的天性，孩子能从海盗故事里学到勇气和无畏，
图画书里的海盗其实就是一些无拘无束的小顽童。

● 不是我看到的 ——

> "哈哈，一个找不到飞行帽，只好顶一个狗食盒的飞行员！"

史努比的音乐大师课

"一个圆脑袋的小男孩，一群怪癖尖锐的朋友，还有一只不肯住狗窝的小狗，这套风靡世界的史努比全集在我们家珍藏十年了，却不曾讨得明仔的欢心。但是，在忙于搬家的这段时间，明仔失去了亲子共读的睡前故事时间，只好每晚自己坐在纸盒子上看书。他发现了压箱底的史努比，他被这只特立独行的狗迷住了：隔离感、不安全感、沮丧、孤独、残酷和忧伤，都被包裹在幽默的漫画中……"妈妈坐在电脑前敲打。

"你瞎写什么呀？简直不堪入目！"明仔凑过来，很不客气地指出："史努比就是好玩！我小时候不喜欢，是觉得不好玩，我现在觉得好玩了，就这么简单。你干吗用这么多我看不懂的词？"明仔双手掐着自己的脖子，头一歪，舌头耷拉出来，"史努比幽默开心，你呢，头晕，恶心。"

"那好你自己说，你为什么喜欢史努比？"

"它是一只了不起的小狗！它会说话，能听懂鸟的语言，它是作家、医生、律师，还是一战中的王牌飞行员！"

"明白了，史努比喜欢幻想，什么王牌飞行员，都是他想象出来的！你也喜欢幻想，能理解史努比。"

"你瞎说，史努比就是飞行员，他还写在小说里了：这是一个黑漆漆的暴风雨之夜，忽然，枪声响起！"

"哈哈，一个找不到飞行帽，只好顶一个狗食盒的飞行员！"

明仔斜着眼，横了妈妈一眼："鄙视你！"

不久，妈妈发现这个爱幻想的小狗可以帮助明仔摆脱真实的困境。明仔的音乐课要考试了，考的是识读民歌《嘎达梅林》的五线谱。

"这个，妈妈可帮不了你。妈妈从小就五音不全，考试都是跟着同学们滥竽充数，如果是单独唱铁定不及格。你这还不是一般的唱歌，还得认五线谱，这些小蝌蚪，妈妈脑子更是一堆糨糊。"

更可怕的是，为了减负，明仔是不能把音乐书带回家的，怎么复习啊？

妈妈出了一个主意："我们跟音乐老师说把书借回家好不好？"

明仔说："那老师就会像史努比的猫邻居一样，把我们打得屁股朝天！"

怎么办？妈妈上网下载一个乐谱？天哪，网上这么多种，到底是哪一个呢？下载了也还是一堆不认识的蝌蚪呀？搜一个音频吧，搜出来的都是带歌词一起唱的，或者各种乐器伴奏，找不到单独清唱谱的。

明仔说："史努比就会带着小鸟糊涂塌客一起去考试。小鸟藏在他的大耳朵里，悄悄提醒他，他就像一个扩音器：汪汪汪汪……要是史洛德考试就更简单了，史努比的朋友史洛德从会走路就会弹钢琴，而且无师自通演奏贝多芬名曲。

妈妈说："对呀，你也可以找个朋友帮你！你们班上谁认识五线谱？"

明仔说："学小提琴的腾岳肯定认识，他就是我们班的史洛德。"

放学的时候，妈妈带着打印出来的《嘎达梅林》五线谱到学校门口堵住了腾岳·史洛德，

不是我看到的

小音乐家拿起来就唱："拉米，米来米，嗦啦多啦……"

明仔每天睡前看完史努比，就打开妈妈的手机，听腾岳·史洛德的演唱，自己跟唱。"这场战斗很不容易，一战中的王牌飞行员在无人的荒野搜寻，钻进弹窟，跨过带刺的铁丝网，甚至爬进烂泥地里。"

考完试回来明仔说："王牌飞行员今晚要庆祝一下，来一杯根治啤酒。王牌飞行员成功打掉了一群战机。老师给了我一百分！战壕里那些讨厌的家伙窃窃私语，他们以为我站在那里很舒服吗？他们没看见我手上的乐谱纸抖得好像风中的树叶。我坐的又不是波音747大客机！"

妈妈拥抱着明仔，亲吻他。明仔说："这是一个黑漆漆的暴风雨之夜，原以为会有枪声响起。忽然，接吻的声音响起！"

"热爱史努比的人就像史努比世界中的角色一样都是冥想者，他们单纯而有魄力。"妈妈准备这样结束这周的专栏。明仔却按下了删除键："你再写这种奇怪的话，我就只好去沙漠找史努比的哥哥史派克，住上几年。"

◆ 你看到的

图书介绍 _

● 《史努比漫画全集》（[美]舒尔茨 绘）

经典的漫画，花生村里性格各异的孩子似乎是在一个无忧无虑的世界里，但是又有着各自的烦恼，他们都有着自己不可被人理解的地方，又有着坚定的梦想。

◆ 明仔阅读年龄：九岁

◆ 明仔游戏：像史努比一样用想象帮助自己克服困难哦。

链接图书推荐 _

● 《加菲猫全集》（[美]吉姆·戴维斯著）

贪吃贪睡、说话尖刻的肥猫，能带给人一种放松的心情。它代表了人惰性的一面，而加菲猫那宽容的主人，就像是永远会原谅我们的父亲母亲。

妈妈感悟 _

◆ 一个经典的作品往往投射着人类的共同情感，大人可能会从理性或者理论的层面去理解一个角色，孩子只是凭直觉去感受。当他们喜欢一个角色的时候，会反复地阅读，甚至在生活中使用书中角色的语言。书中人物的个性特点将经由语言而内化为孩子的品质。

● 不是我看到的 ——

如何干掉一个天才画家

"你不觉得这幅画太丑了吗？"妈妈悄悄问明仔。

舞台上，爱尔兰最棒的绘本作家克里斯·霍顿展示了一副儿童涂鸦。

明仔说："是的，很丑。——但是很可爱。"

那是霍顿四岁时候的涂鸦，他想成为达·芬奇，每天都在画呀画呀。上学之前吃早餐的几分钟还在餐桌上画画。他妈妈也没有说："还在鬼搞什么，要迟到啦。"就静静地看着他画。长大后他就成了一名绘本画家，得了很多的奖，被称为"一个惊人的文学和视觉成就"。

明仔说："如果是我上学之前画画，你就会把我拎起来，拖走。爸爸会闹着说，有这工夫不如背几个单词！"明仔一摊手，"一个天才就这么被你们'咔嚓'捏死了。"

妈妈说："我哪有你说的那么坏，你小时候画画我都挺支持的，床单、墙壁都画满了僵尸，我也没说什么。"

明仔说："霍顿在中国，画成这个熊样，老师一定会让他重新画的。"

明仔在学校画过一张命题作业《下雨了》。他画的是一棵大树，树的高处站着一只大鸟张开巨大的翅膀，树的低处是一些小鸟，脑袋上都是问号。老师也发回来，画了一个大大的问号。明仔解释说，自己画的是大鸟张开翅膀挡住了雨水，所以小鸟以为雨停了。

老师说他跑题了，重新画。

明仔说："霍顿这样的图画一点也不像，老师不会喜欢的。"

霍顿在舞台上边讲边演他的绘本故事，满场飞舞，孩子们也跟着尖叫欢笑。《嘘！我们有个计划》这个故事里有四个猎人去捕鸟，三个大猎人总想偷袭小鸟，而小猎人每次都要跟鸟打招呼，大猎人总是失败，一会儿摔倒了，一会儿掉下树了，一会儿栽进河里了。大猎人都快要气疯了，这时小猎人拿出吃的，所有鸟都飞过来了。大猎人以为机会来了，结果反而被鸟追得抱头鼠窜。明仔随着剧情，笑得歪倒在地上。

霍顿还教孩子们怎样制作一本书，他教大家用剪刀或者手撕出不同的形状，然后粘在一起，就变成了猎人。四个孩子一组，一起完成一幅图画。完成以后，每个孩子争着让霍顿来评点，霍顿露出非常惊喜的表情说："非常好，真是太棒了，这个猎人很可爱。"

妈妈悄悄问明仔："这样的老师好玩吗？"

明仔说："好玩，当然啦。但是课堂纪律太差了。学校不会允许的。"

明仔主动跑上去用英语说："克里斯，你能给我画一只猫头鹰吗？"

霍顿却用中文回答说："猫头鹰。"

一个中国孩子用简单的英语，一个爱尔兰画家用简单的中文，交流得还挺欢。霍顿一屁股坐在地上，低头画画，还问明仔的名字怎么写。明仔也坐在地上，偎依着看他画画。霍顿画完猫头鹰，还顺手画了一排小脚丫把明仔的名字围起来。明仔笑得咯咯的。其他小朋友也过来要求画小鸟，霍顿看着他们的眼睛，微笑着问他们是这样吗？

明仔带着一只猫头鹰回来了，展示给妈妈看："多蠢萌的猫头鹰。"

妈妈说："他会说中文呢，他在香港当过老师，说得真不错。"

明仔说："会说中文怎么了，很奇怪吗？"

● 不是我看到的 ——

妈妈说："对外国人来说，学中文很难的。"

明仔说："对小孩来说，学什么都不难，霍顿也是一个小孩。"

明仔带着三本霍顿的绘本回家了，回到家，妈妈再次翻看绘本，问明仔："你有没有注意到霍顿在他的绘本的开头引用了很多颇有深意的名言？"

比如在《别这样，小乖！》开头引用希腊哲学家艾比克·泰德的话："一个人不是通过实现欲望，而是通过消除欲望来得到自由。在战胜自己前，没有人是自由的。"

明仔说："很难懂吗？没有吧，比如我特别想吃蛋糕，我管不住自己，想吃多少就吃多少，吃坏了肚子，就要待在厕所里出不来了，就不自由了。"

"那这一句呢？《嘘！我们有个计划》的开头——和平无法靠武力维持，只有靠理解才能达成。"

明仔说："这你也不知道？拿着猎枪，谁和你玩？你拿着面包，小鸟才和你玩。"

"那这一句呢？《小小迷路了》——我们总是要等到置身于黑暗中，才会注意到光明的存在，也只有在失去时，才懂得珍惜我们所享有的一切。"

明仔叹一口气："就是字面的意思啦。大人的理解力是有多差呀，把小孩子的能力都降低了。天才就是这么被你们干掉了。"

图书介绍 _

● 《嘘！我们有个计划》([爱尔兰] 克里斯·霍顿 著)

猎人去打猎，可是每次都被小猎人搅黄了，用幽默的方式表示出人和自然的关系。

◆ 明仔阅读年龄：九岁

◆ 明仔游戏：用手撕出来的纸片做一本书。

链接图书推荐 _

● 《别这样，小乖！》([爱尔兰] 克里斯·霍顿 著)

一个很难忍住自己淘气个性的小狗，最后他还是忍住了。

● 《兔子的 12 个大麻烦》([英] 埃米莉·格雷维特 著)

设计感很强的图画书，随着兔子越来越多，麻烦也越来越大，最后一页有上百只兔子喷薄而出，形成一本立体书，给人惊喜。

妈妈感悟 _

◆ 带着孩子参加童书作家的分享会是一个有趣的经历，因为作家往往会当着孩子的面画画或者带孩子一起制作。这可以称得上是一次艺术教育的体验课，就仿佛是来到了厨房的后厨，又好像是来到了电影的制片厂。亲眼看到颜色、线条，是如何变成一幅图画、一个故事。孩子就会想哦，我也可以呀，我也可以成为一个画家、一个作家、一个魔术师。

◉ 不是我看到的 ──

吃肉的时候，说声谢谢！

"这本书不知道是不是适合你看。"妈妈很为难的样子。

"是限制级吗？"明仔问。

喔，当然不是限制级！这本书是日本学校图书馆协会选定的图书，是可以给孩子看的，只是妈妈不确定是否适合你看。

《谢谢你，小米》封面是一个小姑娘和一头牛开心地在一起玩，但是其实是一个悲伤的故事。

明仔问："为什么悲伤的故事我就不能听？"

妈妈说："因为这不是童话，是一个真实的故事，里面有死亡，还有屠夫，妈妈先看一看。"

妈妈看完以后，合上书，表情很沉重。

明仔揪着妈妈的袖子问："鉴定完毕了吗？能让我看了吗？"

妈妈说："我还是不能确定。"妈妈又和爸爸一起商量。爸爸沉思了一会儿说，"我觉得可以给孩子看。他应该知道生命循环的另一面。"

这是一个什么样的故事呢？有一位坂本先生在屠宰场工作，宰杀活牛，加工牛肉。他不喜欢自己的工作，每次看到牛的眼睛都非常厌烦自己的工作。有一天，一头牛被送来屠宰，牛的小主人一直在抚摸牛。那头叫作小米的老牛是那么温顺。坂本先生看了实在不忍心宰杀这头牛。晚上儿子对他说："明天的事情还是爸爸去做比较好，如果是没有爱心的人去做，牛会受苦的。"第二天，坂本先生去看小米牛。在电击屠宰前，牛通常是有预感的，会使劲摇头反抗，屠宰员经常不能一次击中要害，造成牛被击倒后还会抽动。小米舔他的手，坂本先生轻轻地说你不要动。牛果然不动了，坂本用电击枪电击了一下，小米立即倒下一动不动了。那一天坂本先生明白了自己的工作是让动物死得不那么痛苦。

明仔听完问："这个故事是坂本先生写的吗？"

"不是，日本的家长会定期去学校给孩子们介绍自己的职业。坂本先生到学校介绍他的职业，讲了这个故事。另外一位家长是一位助产士，她听了很感动，主动提出把这个故事写下来，做成绘本。"

"助产士？什么叫助产士？"

"是在医院帮助妈妈生孩子的人。"

明仔很惊讶："太有意思了，坂本先生是个屠夫，这个作者却是一个助产士！"

"是啊，助产士是帮助生命降生的，也经常给孩子们讲生命教育，却觉得没有什么比一个屠宰员的故事更适合做生命教育的了。因为人类为了维持生命，不得不去剥夺其他生物的生命。"

明仔发愁："那怎么办呢，难道我们不吃肉了吗？"

妈妈说："这是一个没有答案的问题。你可以选择吃或者不吃。"

明仔想了想说："我是小孩，我还是要吃肉才能长高。狮子也吃牛，人养牛也是要吃牛的，牛的命运就是被吃。"

"狮子的确吃牛，这是生物链的一部分，但是狮子并不会为了取乐杀死牛。人类不同，有的地方养牛是为了让牛干活，是不吃牛的。"

"牛死了也不吃掉吗？"

"有的地方把牛当作神物，牛死了也不吃，埋起来。"

"埋在土里也会被虫子吃掉呀。"

"是的。有些人宁愿牛被虫子吃掉。人和动物不一样，这个世界上不是所有人都吃肉，有的人是因为宗教的原因，有的人是因为健康原因，还有人自愿选择不吃肉，有的人不吃某种肉，有的人什么肉都不吃。"

"可是植物也是生命呀？"明仔问，"那么可爱的西红柿，啊呜一口咬掉，太凶残了吧。"

"是啊，有些反对素食的人会说蔬菜也是生命。所以一些极端的素食主义者只吃自然掉落的果实，不吃采摘的果实。"妈妈觉得问题越来越难回答了，"怎么界定生命？什么可以吃什么不能吃？怎么样的吃才是符合伦理的？大人都在争论不清，妈妈也很为难，不知道怎么给你讲这个故事。"

明仔说："我知道！不能吃野生动物，可以吃养的动物！"

"不吃野生动物，我同意。妈妈小时候还有人抓麻雀、青蛙卖，现在都是不允许的。"妈妈说，"如果人们不能放弃吃肉，对待养殖场的动物，有的国家也有动物福利法，用法律来保证养殖场的动物生活的条件好一点，在运输和屠宰的过程中不要太痛苦。"

"中国的动物有福利吗？"

"在中国暂时还没有动物福利法，但是我们也不能虐待动物，不要拿折磨动物取乐。有些人故意折磨小猫小狗，还拍了视频，可是更多的人会谴责他们，不认可这种做法。妈妈总结一下中心思想，生命的存在有赖于其他植物和动物的馈赠，不要超出自己的需要去索取。"

明仔说："我早就知道小米会死。因为书的封底是一个牛肉火锅。"

"那么你还吃火锅吗？"

"吃呀，吃的时候要像小米的主人一样，说声——谢谢你！"

图书介绍_

● 《谢谢你，小米》

（[日]坂本义喜 原作 [日]内田美智子 文 [日]鱼户修和伙伴 图 王志庚 译）

一个孩子对饲养的牛有很深的感情，可是一头牛就要被送往屠宰场。
这个故事里有着关于生命的思考。

◆ 明仔阅读年龄：九岁
◆ 明仔行动：怀着感恩之心吃每一顿饭。

链接图书推荐_

● 《大提琴之树》（[日]伊势英子 文 彭懿 图 周龙梅 译）

爷爷种下的树成了森林，父亲又用森林中的树木制作大提琴，儿子用
父亲制作的大提琴演奏乐曲。这里有生命、艺术与美的传承。

● 《爷爷一定有办法》（[加]吉尔曼 著）

小朋友长大了，衣服旧了怎么办呢？在这个故事里，爷爷有办法把
旧东西变成新的东西，把一件外套变成褂子，又变成手帕，一颗小
纽扣，最后还可以讲出一个精彩的故事。这本书最巧妙的在于绘本
的下方还有小老鼠一家，他们也不断地利用小朋友剩下的布料，改
善他们的生活。

妈妈感悟_

◆ 动物福利是一个比较有争议而且涉及面很广的话题，但是，并不
能够因为一个问题很复杂，我们就不去触碰它。在孩子能够接受的范
围内、在社会习俗的合理合法范围内，可以做一些探讨。即使没有一
个明确的答案，探索的过程也是有意义的。

▶ 不是我看到的 ——

看儿童版《冰与火之歌》

新一季《冰与火之歌》上映啦。爸爸妈妈趁着明仔不在家的时候下载了看。明仔有时候闯进来，爸爸赶紧关机，妈妈就像绑架儿童一样捂着明仔的眼睛把明仔拖走。

明仔咕噜着抗议："你们又在看哔——哔——"

妈妈爸爸都是《冰与火之歌》的粉丝，美剧看了二遍，书看了不止五遍。有时候爸爸妈妈讨论《冰与火之歌》，明仔好奇想插嘴，爸爸妈妈马上闭嘴，说这是成人的读物，不适合你。

明仔说："我也想知道你们在说什么！"妈妈找了一个很干净的预告片给明仔看，里面的画外音，凡是涉及性、暴力，一律用"哔——哔——"消音。结果就是人物大头像组合加上一片"哔——哔——"声。

明仔很不满意。妈妈说："我给你看一个《冰与火之歌》的儿童版吧——当当当，就是这个《冰龙》。这是《冰与火之歌》作者乔治·R．R．马丁写给孩子的温情奇幻童话，作者说希望告诉孩子爱与家庭的价值。三观正，情节奇幻，内容精彩，包你满意。"

明仔表示要亲自来检验广告的真实性。全书主体内容有100页，明仔本来准备每天看十页，

　　"你想成为书里面的谁？有超能力可以驾驭飞龙的小女孩，还是冷死了火龙的冰龙，或者是大反派？"

　　明仔毫不犹豫地说："我想当冰蜥蜴！跑龙套的一般都死不了。打仗的时候可以藏在雪堆下。"

● 不是我看到的 ——

十天看完。结果，蚕吃桑叶一样，嚓嚓嚓，半个小时就看完了！

妈妈说："你给我讲讲这个故事吧。"

明仔说："你不会自己看呀。"

妈妈说："我看了，我是大人，我的看法可能和你很不一样。我觉得《冰龙》是《冰与火之歌》的童话版本，也有列王的争斗、英雄与魔龙，但是更为暖心。阿黛菈是冬之子，降生于最寒冷的冬天，她跟别的孩子都不合群。她最好的朋友是一条冰龙。在阿黛菈七岁时，火龙袭击了她的家园。她本来可以逃走，但是为了拯救父亲，她和她的冰龙与火龙展开了一场战斗，最后正义战胜邪恶，她也成了一个普通的女孩。在我看来这是一个典型的成长故事，开始这个女孩子和家长有隔阂，然后消除了隔阂。家庭、勇气、爱和奉献，治愈了她的心灵创伤，让她成长。"

明仔说："我不知道你在说什么。我不觉得她很奇怪，她开始就是一个冷血动物，不会撒娇，不会哭，脚被扎出了血，也不会哭。她第一次哭是看到爸爸被坏人抓走了。父亲觉得她很冷酷无情，我觉得她就是这样一个女孩子。"

"那你看到冰龙为了最好的朋友献出了生命，冰龙变成了湖水，你难过吗？"

"没有呀，顺其自然，冰龙也不是为了她而死，我觉得冰龙认为这是他的地方，不想让坏龙占据。"

妈妈说："我看到结尾会很难过，小姑娘最后变成了一个普通的人，我觉得家庭责任这些东西会让你失去童话般的梦想，不再无所畏惧，为所欲为。"

明仔说："我觉得还挺好，我一直假装是个不引人注目的小孩。"

"那么你想成为书里面的谁？有超能力可以驾驭飞龙的小女孩，还是冷死了火龙的冰龙，或者是大反派？"

明仔毫不犹豫地说："我想当冰蜥蜴！跑龙套的一般都死不了。打仗的时候可以藏在雪堆下。"

◆ 你看到的

最喜欢哪一段？妈妈最喜欢看冰龙和火龙大战，简直太精彩了，你看冰龙吐出的最后一口气，是这样写的："冰龙向世间吐出最后一股冷气，一股绵长的、雾气包裹的蓝白色寒流，内中满是冰雪和静谧，蕴含了所有活物的终结。耀武扬威的龙骑士径直冲进这股冷气里，瞬时间便坠落下来。"

明仔不同意，他说："我喜欢看没有打仗之前，和冰蜥蜴一起玩耍，在雪地里搭城堡，骑着冰龙在天上飞，我还可以带着小饼干给冰蜥蜴吃。"

"可是变成了普通人就不能和冰蜥蜴玩耍了，"妈妈说，"如果选择过平常的生活，又能保持自己的特别，该多好呀。"

明仔说："你太贪心了，这个故事说的就是：要么，你做个正常人过平常的日子，上学写作业；要么做个不正常的人，去野外找壁虎玩！"

图书介绍_

● 《冰龙》（[美]乔治·R.R.马丁 著）
《冰与火之歌》是一部影视作品，它的很多创作灵感在这部《冰龙》里有所体现，《冰龙》是一部非常适合孩子看的书。与《冰与火之歌》波诡云谲、气象宏大的争斗不同，马丁说，他想要通过《冰龙》这本书"告诉孩子爱和家庭的价值"。
◆ 明仔阅读年龄：十岁
◆ 明仔游戏：用冰箱冻出的冰格子搭建雪城堡。

链接图书推荐_

● 《刘慈欣少年科幻科学小说系列》（刘慈欣 著）
著名的中国科幻作家刘慈欣专门为孩子选的一个作品集，很有想象力和社会责任感的系列。

● 《神奇树屋》
（[英]奥斯本 著 蓝葆春 蓝纯译）
时空穿越的冒险串起历史故事，这一系列也是中英双语的，带音频，可以看可以听。

妈妈感悟_

◆ 经过几年的亲子共读，孩子会对一本书有了自己的评测标准，如果和我们大人理解不一样，我们可以心平气和地交换自己的看法。

● 不是我看到的 ——

◆

家有怪兽，呼叫特工！

◆

养宠物的人为了让宠物安静，隔段时间会扔一块骨头给小狗。养孩子的人为了让孩子安静，隔段时间也要换着花样给骨头。春节时妈妈每天给明仔一本《怪怪特工记》，能争取到半个小时的独处时间。

什么叫"怪怪特工"呢？就是跟鬼和怪物作斗争的人。小姑娘奈丽被特工学院选中成为了一名特殊的怪怪小特工。她的任务就是应对一个个怪人，解决一件件怪事。

好啦，假日快过完了，书也看完了。妈妈要来采访一下明仔的消费者体验了。

"如果你去参加怪怪特工考试，能通过吗？"

"可以。"

"特工不能怕黑不能怕鬼。你怕黑吗？"

明仔闭着眼睛。

妈妈捅他："快说呀。"

明仔闭着眼睛回答："当然不怕啦。害怕我会闭着眼睛吗？"

◆ 你看到的

"你觉得哪个鬼怪最可怕？"

"狼人。"

"为什么？"

"因为真的有狼，真的有些人月圆之夜会发疯，可能真的有一些会变狼的。"明仔说，"其实，爸爸就是我们家的狼人，经常要招惹一下爸爸，释放他的野性。比如说吧，爸爸经常在电脑上看一些哔哔哔的电影。"

"哔哔哔是什么？"妈妈一时没有醒过味来。

"就是儿童不宜的黑帮片，里头被屏蔽掉的脏话。"爸爸要看的时候会提醒明仔不要进去，明仔有时候听到声响，会好奇地溜进去，站在爸爸身后，爸爸发现了就很生气："快出去！"明仔大笑着跑出来说："我是不是坏坏哒！"

想要让狼人恢复人形，就要让他吃素，让他笑，用手电筒晃他，让他分不清什么时候是月圆之夜。

明仔说："我最有办法逗乐了，我可以爬到树上，逗狼人笑。他们一直笑一直笑，就没有力气抓我了。"

"那你觉得哪个怪物最好玩？"

"雪人。雪人因为地球变暖，冰川融化，没有地方睡觉，睡眠严重不足，脾气很暴躁。只要让他去冷库睡觉就可以了，等他睡够了，还可以当滑雪教练。"

明仔说其实我们家也有雪人怪兽。明仔的手指在空中转圈，妈妈的目光跟着他的手指转了好几圈，手指停在妈妈身上。

妈妈怒："我什么时候像雪人了？"

明仔说："中午你睡午觉的时候，我和你一起睡觉，我问你睡够了没有。你说我一直动弹，根本没法睡，还吼我说我再翻饼，就把我一脚踹下去！吓到我吸溜吸溜滚下了床。"

"是吗？妈妈怎么不记得了。"

● 不是我看到的 ——

明仔说："雪人失忆了。"

妈妈说："你知道我最怕什么？最害怕时间魔术师，用时空吸尘器不知不觉把时间都偷走了。妈妈一整天什么也没有干，头发就变白了，老年痴呆了。"

明仔说："难道你想时间停止吗，如果时间停止了，你永远不老，我也永远不会长大了。"

明仔说："时间魔术师最喜欢吸的是小朋友的假期，寒假暑假还有周六周日都吸走了。总是在上课外班写作业，玩耍的时间都吸走了。"

妈妈说："哈哈哈哈！好吧，把时间还给你。"

"最后一个问题，你不觉得什么抓怪物太荒唐了吗？世界上根本就没有怪物，也没有鬼怪。"

明仔说："有没有怪物不重要，重要的是这个故事有没有意思。"

从大人的角度来说，妈妈也觉得写得挺有意思的，比如很多怪物并不是坏人，他们都有一些问题没有解决，所以需要别人帮助。

明仔说："不对，也有真正的坏人，比如吸血鬼、巫医、时间魔术师，需要动脑筋来战胜他们。冷静、知识和技巧是特工的三个秘诀！比如吸血鬼就要想办法把他们引到太阳底下，一晒就冒黑烟消失了。对于吸血鬼我有一个科学的解释，人类不是有很多人得皮肤癌吗？吸血鬼也是一种皮肤病，皮肤太白，没有抵抗紫外线的物质，很快就发病死翘翘。"

妈妈说："算你自圆其说。关于这套书，作者马丁·维德马克有这样一段话：'孩子们比我们想象得更有智慧。事实上，他们会思索一些非常严肃的问题，比如生与死、爱与生活，等等。你所要做的，就是用简单的语言向孩子们阐释这些复杂的问题。'对此，你有什么意见？"

明仔说："我没什么意见，我要睡觉了。"

图书介绍 _

● 《怪怪特工记》
（[瑞典]马丁·维德马克 著 [瑞典]克里斯蒂娜·阿尔夫奈 绘 张可 徐昕译）
巧妙重塑各种怪物的故事。每一个怪物都有自己不得已的原因，小特工们不光是在抓怪物，更是在帮助陷入了困境的怪物。当然并不是一味做烂好人，那些彻头彻尾的坏蛋怪物，是一定要受到相应的处罚的。

◆ 明仔阅读年龄：九岁
◆ 明仔语录：雪人失忆了！

链接图书推荐 _

● 《胡椒罐大楼的小侦探》（[英]克里斯·里德尔 著 肖毛译）
文字量不大，非常可爱的绘图，可以说是纸上谜题，以侦探的眼光观察我们习以为常的世界。主人公性格有点可爱的怪癖，很有英式幽默的感觉。

● 《纳尼亚传奇》（[英]刘易斯 著 陈良廷等 译）
一个庞大的魔幻世界。兄妹四人和动物们并肩作战，打败了女巫。

妈妈感悟 _

◆ 随着时间的流逝，我们脱离了万物有灵的童年，越来越现实，不再用惊奇的眼光去看待生活，这时候孩子重新还给我们一颗惊奇之心。

● 不是我看到的 ——

◆

好东西属于能够等待的人

◆

"妈妈为什么自己看，不给我讲故事？"明仔躺在床上，很不高兴。

妈妈抱着书说："这是大人书，没有插图，没有故事。"

"那我也想知道你看什么？"

妈妈说："喔，是斯坦福大学教授沃尔特·米歇尔做的一个心理学实验，叫作'学龄前儿童为了获得更加丰厚的奖励物的自我延迟满足实证研究'。"妈妈想用这个题目把明仔吓跑。

明仔说："骗人，我已经看见啦，书名叫《棉花糖实验》。"

"哈哈哈，是像妈妈这样的媒体人把它改了一个直白的名字——棉花糖实验，才让这个实验引起了极大的关注。"

"我要听！"

"实验非常简单，给小朋友两个选择：你面前分别有一颗和两颗棉花糖，如果你选择马上吃，可以得到一颗棉花糖；如果你能坚持二十分钟，就可以得到两颗棉花糖。科学家一直在追踪这些孩子的成长，每隔十年进行一次评估，发现，一个四五岁的孩子能等待的时间越长，

“今天就到这里，如果你愿意等待，明天我就讲两个故事！”
明仔说：“说话要算数！否则我就不愿意等！”

● 不是我看到的 ——

后来参加美国高考的成绩就越好。那些坚持时间最短的小孩，比那些坚持时间最长的小孩，总体成绩差了210分。那些等待更长的孩子，不光考试成绩好，未来也更能控制自己的体重、更能有效地应对沮丧和压力，他们的职业发展、婚姻、身体、精神状况也更好。"妈妈快速解释了一下棉花糖实验。

明仔说："当然啦，小时候为了两颗棉花糖可以等，长大了可以为了更大的棉花糖而等待。"

妈妈说："这一段很有意思：长大后，科学家扫描了这些人的大脑，发现那些能等的人呢，前额叶皮层区域更加活跃——这个地方是用来解决问题、创造性思考、克制冲动行为的，而那些不能等待的人的中脑的皮层更加活跃——这个地方是处于大脑深处最原始的部分，和人的欲望快感以及成瘾有关。"

明仔笑了："妈妈我觉得你的大脑比较原始。你就控制不住自己吃巧克力。"

妈妈羞愧："妈妈这个问题，科学家也有解释：相信有第二颗糖，等待才有意义。妈妈小时候是不允许吃糖的，如果有朋友送了零食也会被大人没收，所以只要有机会就要马上把糖果装到肚子里。"

明仔说："难道小时候不能等，一辈子都不行吗？"

妈妈说："看看这一章：自控力和基因有关系，有的人天生自控力强，但是自控力像肌肉一样可以通过锻炼来加强。抵制诱惑是有策略的。"

妈妈说我们来学习一下如何抵抗诱惑。"第一个实验，棉花糖有两种摆放方式，一种情况是让小朋友能看见棉花糖，另外一种把棉花糖盖起来，你觉得在哪种情况下更能等待？"

明仔说："看着更难等待，因为它好像在说：快吃我快吃我！"

妈妈说："无师自通啊，的确是这样的，实验证明，如果你把一个东西盖起来，等待的时间能延长十倍。"

明仔狡黠地说："妈妈，如果你想减肥的话，就把巧克力交给我保管。我可以适当收取管理费。"

妈妈拍拍他的手，继续说："第二个策略是分心。那些能等待的小朋友想出一些招，有人会蒙着眼睛不看，还人想象自己在玩有趣的游戏，比如动动脚趾头像在弹钢琴。如果实验人员事先鼓励小朋友去想想有趣的事情，比如说荡秋千，等待的时间就会多出十分钟。如果实验人员说你想想这棉花糖多好吃啊！小朋友迫不及待地干掉了棉花糖。"

明仔说："科学家好坏坏哦，故意诱惑小朋友。要我就趴着睡觉，等多久都行。"

妈妈说了第三个策略：冷静。"当实验人员改变奖励品，不给棉花糖，只是显示图片，结果大反转！只是看图片的话，等待就变得容易多了。"

明仔说："你总不能吃掉一张卡片儿呀！又不是山羊。"

妈妈说："是的，你看很容易我们就学到了如何抵抗诱惑的策略。能不能等待还有其他因素，比如说实验之前先表扬小朋友，让他想一些愉快的事，另外一些小朋友则让他们想悲伤的事，你认为哪种孩子等待时间更长？"

"当然是心情愉快的人更能等待，妈妈我知道为什么你心情不好的时候会狂吃东西了。嘿嘿，巧克力还是需要我保管。"

妈妈说："行，我相信你能保管好。还有奖励品不同等待、时间也不一样，例如巧克力和铅笔，你愿意为谁而等待？"

明仔说："当然是铅笔可以等得更久。"

妈妈说："我告诉你，这个巧克力被蟑螂爬过……"

明仔大叫："啊，等多久我都不想吃了！"

"这就证明你可以通过改变自己的想法而控制你的冲动，这种力量来自前额叶皮层，只要激活这个区域就能够冷却诱人的刺激。"

妈妈说："很多大人也会用棉花糖实验测试自己的小孩，如果小孩表现不佳，他们就会很沮丧。其实自控力跟年龄有关系，三岁的小孩根本就无法理解延迟满足这个问题；四岁的小孩理解了，但他会选最差的策略，把棉花糖放在自己的面前，想象是有多好吃；到了五六岁，

● 不是我看到的

大部分孩子都会选择隐藏奖励物品，会用想象的游戏来让自己分心；而要到十二岁才能掌握怎样冷却冲动，比如有小朋友把棉花糖想象成蓬松的云，让等待变得容易。所以选择吃不吃那个糖并不代表什么，开始有些孩子可能一分钟也不能等，但是随着年龄的增长或者学习了等待策略就能做得更好，有些孩子开始很有天分，但是后来减弱了自控力。"

明仔问："要是有你这么一个自控力差的妈妈，怎么办？"

"嗯，科学家也证明了，以身作则的父母培养的孩子当然自控力也好。我这样子的呢，是另外一种策略，我是让你学习策略、充分相信你的控制力。因为过度控制孩子的父母会破坏孩子自控力的发育，我让你自己保管糖果、自己控制吃糖的数量，如果你能够坚持到这周末才吃完，下次还会给你买。如果我说话算数，你也能控制自己；如果我说话不算数，偷吃你的糖，你当然赶紧藏到腮帮子里。因为你觉得未来没有希望，就不会愿意再等待了。"

明仔点头："你们还算是说话算数的父母。最后一章怎么不说了？"

妈妈说："这是给大人看的。学校和父母如何运用策略。你想听，我也可以总结一下：第一，老师和父母可以鼓励孩子用'如果……就……'造句，如果付出了什么样的努力，就会得到什么样的结果，这样可以显著提高学业成绩。第二，增加体育锻炼，也能锻炼专注力。第三，不开心的时候，要想想那个爱你、你也爱的人，别想那个让你难受的人。第四，要做你真正热爱的事情，这样就会不知疲倦，能够抵抗各种诱惑。"

明仔说："太有意思了，还想听。"

"今天就到这里，如果你愿意等待，明天我就讲两个故事！"

明仔说："说话要算数！否则我就不愿意等！"

妈妈笑着站起来，顺手去拿巧克力，明仔抢过巧克力罐子藏到柜子里，唱道："好的东西属于那些能够等待的人，啦啦啦。"

图书介绍

● 《棉花糖实验》（[美]沃尔特·米歇尔 著 任俊 闫欢 译）

这本书是关于意志力的研究，为什么有些孩子很小就表现出了坚定的意志力，有些孩子不能？如何锻炼孩子的意志力？自控，不仅是一种可以培养的能力，更是你自己的选择。

◆ 明仔阅读年龄：九岁

◆ 明仔游戏：自己保管巧克力，学会等待！

链接图书推荐

● 《思考，快与慢》（[美]丹尼尔·卡尼曼 著 胡晓姣 李爱民 何梦莹 译）

我们的大脑有快与慢两种做决定的方式。一种是依赖情感、记忆和经验迅速做出判断，另一种是通过调动注意力来分析、解决问题，它比较慢。这本书介绍了很多经典有趣的行为实验，指出我们在什么情况下可以相信自己的直觉，什么时候不能相信。

妈妈感悟

◆ 这几本书都不是属于通常意义上的儿童读物，偏向于给成年人看的学术著作，但是这里面有很多的事例、分析，孩子理解起来都毫无困难。在共同阅读的过程中间，孩子似乎就是一个天生的实验者和研究专家。有心的成年人，会从与孩子的共读中受益匪浅。

● 不是我看到的

◆

鸟妈妈会毒死关在笼子里的宝宝吗

◆

"如果我被坏人关起来，你会把我毒死吗？"明仔跑来找妈妈，瞪着惊恐的眼睛，活像被打雷惊着的蛤蟆。

这熊孩子怎么问出这么吓人的问题？咋啦？

原来是语文老师给孩子们布置了一篇阅读文章，题目叫作《可怕的厄运》。

故事说的是一个小孩子喜欢把一些野生的活物捉来关在笼子里，有一次捉了一只小小的美洲画眉鸟。听着小音乐家美妙的歌唱，孩子非常高兴。小鸟的妈妈也找过来了，口含食物飞到了笼子跟前，让小画眉把食物一口一口地吞咽下去。第二天小俘虏却无声无息地躺在笼子底层，死了。孩子对此迷惑不解，怎么回事，小鸟不是得到精心的照顾了吗？他父亲的一个朋友是鸟类学家，解释说："当一只雌美洲画眉发现她的孩子被关进笼子后，就一定要喂小画眉足以致死的毒莓，她似乎坚信孩子死了总比活着做囚徒好些。"

明仔问妈妈："真的吗？小鸟妈妈真的会把小鸟毒死？"

妈妈皱着眉头说："这个故事我觉得怎么那么像编造出来的呢？"

上网一查，这是一篇经常被用来做阅读理解的文章，阅读题的答案通常是赞美自由的可贵和母爱的伟大。但是也有学科学的人质疑其真实性，没有发现自然界中鸟类有这样的本事，会因为后代被人类捕捉就毒死孩子。

妈妈说："我觉得这就是那个教授教育小孩的手法，让他不要抓鸟。小画眉死亡的原因肯定不是他说的那样。野生动物被人类抓回来死亡率是很高的，小鸟当然应该是被妈妈照顾，在大自然中才能生活好，被人类捕捉，受惊吓，抵抗力下降也很容易死亡。但是不太可能是鸟妈妈毒死孩子。对大自然来说，繁衍和生存才是本能。"

明仔说："就像有的家长不想给孩子买玩具就说那里面有虫子。"

妈妈说："是啊，有的人为了表达某个道理甚至会故意编造故事，比如曾经有一个获得奥斯卡大奖的纪录片，说旅鼠因为盲从而自杀。实际上这是一个造假的纪录片。"

妈妈还查到有的地方说这个故事原来的作者是大作家索尔·贝洛，原来的题目叫作《自由与生命》，他重点想说的是最后一句话："任何生物都有对自由生活的追求，而这种追求无疑是值得肯定的。"

妈妈说："我没有查完索尔·贝洛全集，不能肯定这篇文章就一定是他写的，还是别人借他的名字编写的。但是无论如何，我都不认同这种做法。的确世界上有些人为了自由不惜牺牲生命，他们是成年人，可以选择，但是一个孩子，成人怎么有权利剥夺他的生命呢？还有人说这是伟大的母爱，这也太吓人了。她不想办法救小鸟，还毒死他，这叫什么事？"

明仔说："对呀，小鸟妈妈应该找机会，拨开笼子的插销，就可以救出小鸟了。"

妈妈说索尔·贝洛是个犹太人，犹太人曾经被关进集中营，失去了自由，难道犹太人就应该都自杀吗？不是的，先要尽可能活下来，等待机会。

同样是抓小鸟，中国的梅子涵爷爷写了一个故事《麻雀》，中国人曾经认为麻雀祸害庄稼，于是疯狂地围剿麻雀，要把麻雀吓死、累死。故事里有个孩子把两只麻雀关在自己家里，躲过了麻雀大屠杀。你看，这里的小麻雀失去了自由，但是能活下来。

不是我看到的

明仔说："太可怕了，麻雀是吃虫子的，为什么要弄死小麻雀？"

爸爸说："那时候的人都疯了呗。"爸爸又说："如果周围人都疯了，这时候没什么道理可讲，得想办法活下来。"

爸爸很喜欢的一个电影叫《美丽人生》，讲一家人被纳粹关进了集中营，爸爸为了保护孩子，一直跟他说这只是一个游戏，获胜者能得到一辆真正的坦克回家。天真儿子相信了爸爸的话，强忍了饥饿、恐惧。当爸爸被捕的时候，他都以为这是一个游戏。终于有一天一辆盟军的坦克车隆隆地开到他的面前。他和妈妈团聚，获得了自由。

爸爸说："你是孩子，父母的责任是保护你的生命安全，送你去自由的地方。并不会因为你失去了自由就毒死你。"

明仔交的作业里写道："每种生物都有追求活着和自由的权利，人类不应该为了自己开心把其他动物抓起来活活杀死。如果我被抓起来了，我妈妈说她不会毒死我的。"

◆ 你看到的

图书介绍_

● **《麻雀》**（梅子涵 著 满涛 图）

一个特殊的时期："灭四害"，麻雀成了被人们围攻的对象。这本书对历史有认识价值，也可以带动孩子一起来思考自然环境和生物链等一系列的问题。

◆ 明仔阅读年龄：九岁

◆ 明仔活动：和父母一起讨论，写一个读后感。

链接图书推荐_

● **《穿条纹衣服的男孩》**（[爱尔兰]伯恩 著）

从孩子的视角反映纳粹屠杀犹太人的历史。

● **《纸飞机》**（左昡 著）

这是非常少有的以重庆遭到日军轰炸为背景的儿童文学。以儿童视角表现中国人民在战争阴霾下的生活与抗争。

妈妈感悟_

◆ 自由，是一个哲学的概念，当孩子从童话故事或者儿童读物中接触到类似思考的时候，其实也是引发大人思考的契机。并不是每一篇文章所讲述的道理都是正确的、符合当下的价值观的，那么，成年人要结合自己的生活经验和阅读体验，提供给孩子不同的观点和理解问题的角度。

◆

身处尘埃，也要看到彩虹

◆

放暑假了！妈妈给明仔的作业：第一，学做家务，第二，多和妹子玩。

明仔去了托管班，很快就结交了一个萌妹子初宸。初宸刚上一年级，明仔在辅导妹子作业的时候很有自信心爆棚的感觉。

写完作业，是妈妈的故事时间。妈妈说："不如今天你给初宸讲故事吧。"

当当当！就是这本"纽伯瑞金奖""凯迪克银奖"的双料大奖绘本——《市场街最后一站》。

当然啦孩子们才不管什么奖不奖，他们只关心好听不好听。

这个故事讲什么呢？

下雨天，奶奶带着小杰坐公共汽车去贫民区做义工。

开始小杰一直在抱怨：为什么要去那个又破又烂的地方？为什么下雨天要坐巴士？为什么我们没有自己的车子？奶奶总有办法在想不到的地方发现美好。

初宸说："这个故事我听过了。"

明仔说："你妈妈给你讲过了？"

换一个方式看世界，鼻子也可以看世界。

● 不是我看到的 ——

初宸说："不是，是妈妈放的故事公号音频。"

明仔说："你妈妈真懒。"

明仔开始念。念完以后，问初宸好听吗？

初宸说："不好听，没有音频讲得好。"

明仔说："不可能吧，音频又不是讲给你一个人听的，我是专门念给你听的。"

初宸抿着嘴笑。

明仔妈妈也在一边乐。明仔妈妈说，不如我们再来一起讲这个故事吧，我们讲完，这个故事就是属于明仔和初宸的了。

故事开始，小杰蹦蹦跳跳下了台阶，外面的空气充满自由的感觉，也充满雨的气息。

明仔妈妈问，街上这么多人，哪一个是小杰呢？

初宸指着一个小男孩："这个。"

为什么呢？

明仔哈哈大笑："你看书不仔细呀，只有这个小孩在蹦蹦跳跳。"

小杰抱怨为什么下这么大的雨还要等巴士？奶奶说树也会口渴，大树正在用吸管喝水。小杰没有看见什么吸管。

妈妈问："你们看到吸管了吗？喜欢还是讨厌下雨？"

明仔说："树根就是大树的吸管。"

初宸接着说："有时候喜欢下雨，有时候讨厌下雨。小雨，我喜欢，很凉快；大雨我不喜欢，会弄脏我的裙子。"

妈妈说："是的，下大雨了，小杰像你们一样不开心，奶奶告诉他，下雨也是有好处的。"

小杰的朋友坐着小汽车走了。小杰问："奶奶为什么我们家没有车？为什么我的同学不用去做义工？"奶奶说："我们有会喷火的巴士。我也很遗憾他们没有机会见到波波先生和太阳镜先生。"

明仔说："这是老式的巴士，真的会喷出火花。"

坐公共汽车也会有很多乐趣呀。你们看，司机从小杰耳朵后面变出了一枚硬币。

妈妈说："真好，坐巴士还可以赚到钱呢。"

明仔说："什么呀，这是司机找他钱，逗他玩呢。"

初宸说："我也会变魔术。"

妈妈给了初宸一个硬币。初宸说："我啊呜一口吃掉了。"她张大嘴，假装吃掉硬币，悄悄把硬币藏到脖子后面。"我又变出来了。咦，怎么没有了？"

明仔从地上捡起硬币，"哈哈，变到我这里来了。"

妈妈说："等一下，我看不懂，故事里根本没有出现波波先生和太阳镜先生。"

明仔说："太阳镜先生就是车子上这个盲人呀。波波先生可能也是一个车上的人。"

妈妈说："奶奶真好，她不说人家是盲人。"

小杰问那个人为什么看不见。奶奶怎么回答的呢？奶奶说有的人是用耳朵来看世界的。"这个说法太好了。没有表示同情，而是把太阳镜先生看成一样的人，只是换一个方式看世界。太阳镜先生也很幽默，他说鼻子也可以看世界。他还称赞奶奶说太太您今天擦的香水，味道很高雅。"

车上有两个大男孩听随身听。小杰很羡慕他们。奶奶说我们可以请车上的吉他手为我们演奏一曲。吉他手唱起了歌。盲人和奶奶都闭上了眼睛。小杰和斑点狗也闭上了眼睛。

初宸说："我弹琴的时候，我的老师也这样闭着眼睛。"

妈妈问，老师是很陶醉的样子吗？

初宸说："我要是弹错了，她就皱鼻子。我要是弹对了，她就没有表情。"

妈妈说："这个老师可真是不会让人开心呀。"

黑暗中，小杰好像乘着音乐的翅膀在月光下自由飞舞。市场街最后一站到了。

这个地方怎么这么脏？因为这里是穷人住的地方，市政设施和公共服务都很差。

● 不是我看到的 ——

明仔说："可是他们也不爱惜，旁边就是垃圾桶，还把垃圾扔在垃圾桶外面。"

"是的，有的人住在垃圾堆，把自己也变成了垃圾，但是也有人像奶奶一样身处尘土之中，也能体会什么是美好。"小杰听了奶奶的话后，看到一道彩虹横跨在爱心厨房的上空。

奶奶和小杰来到了什么地方呢，好像是给穷人分发食物呢。

初宸说："他们不是穷人，这个阿姨还戴着一个很好看的帽子。"

妈妈说："是的，她还戴着很好看的帽子，她可能是一个来帮忙的阿姨，也可能是等待分发食物的穷人。无论如何，她都打扮得很好看，不因为来到了一个破烂的地方，就穿得破破烂烂。"

妈妈问："你们喜欢奶奶吗？"

明仔说："我喜欢，她从来不抱怨，总能有新的看法。"

初宸说："可我觉得她好像是一个小兵，总是在讨好周围的人。"

妈妈说："初宸你这个说法很有趣喔。奶奶好像是一个小兵，为很多人服务，我们学着奶奶的样子换一个角度看事情：奶奶让小杰感到了快乐，让太阳镜叔叔快乐，让穷人区的人也快乐，我觉得她才是国王呢，因为她这么富有，能给予别人。"

"你们看小杰后来把硬币给了谁？给了弹吉他的叔叔。小杰最后又在哪里呢？他也在帮忙给穷人分食物。那么你们觉得小杰是小兵还是国王？"

明仔说："他是国王，国王才能给别人东西。"

妈妈说："我们都是小兵，也是国王。"

初宸笑了，她开心地就地来了一个侧手翻。

妈妈鼓掌说："你就是女王。"

◆ 你看到的

图书介绍

● **《市场街最后一站》**

（[美]马特·德拉培尼亚 著　[美]克里斯蒂安·鲁滨逊 绘　方素珍 译）
2016 年中国桂冠童书奖得主，纽伯瑞金奖、凯迪克银奖三料大奖绘本！同时荣获《纽约时报》TOP10 童书等 30 多项殊荣。

每个星期天，小杰都和奶奶一起搭乘巴士到市场街的最后一站，到城市最脏乱差的地方去做义工。奶奶是一个精神上非常富有的人，她很善于让孩子发现日常生活中那些被忽略的美好和快乐。传达出物质缺乏并不代表心灵或想象力贫乏的真谛。

◆ 明仔阅读年龄：十岁
◆ 明仔游戏：给同龄人讲故事。

链接图书推荐

● **《午夜园丁》**（[美]特里·范 埃里克·范 著/绘　杨玲玲 彭懿 译）
每天都有一个神奇的午夜园丁，他把大树修剪成不同的造型，每一个都比前一晚更美丽！描绘了艺术和大自然的神奇力量如何治愈一个孩子，怎样让一个破败的地方重现生机。

● **《我的家》**（林丹 文　[德]索尼娅·达诺夫斯基 图）
一个孤儿重新得到家的温情故事。故事里，艺术家父母用美好的事物让小女孩得到了温暖；故事外，读者的心也感到了暖意、善意和真情。朴实的叙述，柔和的绘画，在这个冰冷的世界，一点点地铺陈出了温馨、温暖、温情。

妈妈感悟

◆ 独生子女最大的问题是缺少同伴。一起读书，是一种很好的交流活动。阅读让孩子们看到和自己不同的生活，看到除了获得别人的爱与关怀，奉献自己的爱与关怀也是一种更大的获得。

格里格里砰！这个故事好奇怪好好玩

《格里格里砰！或生活中一定还有别的什么》，听着名字就是一本好不正常的书。

这是八度凯迪克奖获得者莫里斯·桑达克的一部幻想作品。桑达克的《野兽国》很受大小朋友喜欢，但是这一本《格里格里砰！或生活中一定还有别的什么》……好像更野更奇怪的样子。

妈妈、明仔和明仔的朋友初宸一起读这本奇怪的书。

一只名叫珍妮的锡利哈姆梗犬，她拥有一切，可又不满足于眼前的一切。

她觉得生活中一定还有点别的什么！于是，在一个漆黑的夜晚，她抛下了属于她的窗户，吃掉了羡慕她的那盆花儿，离开了爱她的主人……拎上手提箱（装着她的碗、温度计、梳子……）踏上了寻找刺激的旅程。

妈妈问："你们是不是也拥有很多很多？"

明仔说："是的，我有 N 多的枕头！每天可以堆成一个反坦克堡垒，阻挡妈妈的进攻。"

初宸说："我有很多好吃的、很多玩具，你们看，我现在就有——"她从背包里掏出了五包薯条、一瓶橙汁，一个大寿司，摆了一桌子。

"太好了，我们边吃边看这个和吃有关的故事。"

妈妈在一片咀嚼声中继续讲珍妮犬的离家历险。她看到了鹅妈妈剧场招聘女演员的广告，要求必须做过那个什么——什么是做过那个什么？没有人知道。

妈妈说："什么叫做过那个什么？"

明仔和初宸好像觉得这个要求也没有什么奇怪的，说："什么就是什么，你做过那个什么就知道了。"

珍妮犬离家探险是想要更多。

妈妈问："你们也想要更多吗？"

明仔说："我不要更多，只要有 money 就行。"

初宸笑："说我只要妈妈就行。要什么找妈妈。"

珍妮犬想去寻找生活中别的东西，她一路的历险都好没有逻辑——她吃掉了广告业务员小猪所有的三明治；吃掉了送奶工小猫所有的奶酪和牛奶；去应聘保姆，吃掉了宝宝所有的食物，现在落到了狮子嘴边。

关键时刻，狮子带着宝宝跳上了夜空。珍妮失去了一切，流落到森林。现在她羡慕一棵树，因为这棵树比她高。

一瞬间，她又成了鹅妈妈剧场的主演。因为她做过了那个什么。

"做过了什么？"妈妈大叫，"我不懂。"

初宸说："就是差点被狮子吃掉呀。她体验过死了，就可以演一个在舞台上装死的小狗。"

妈妈又问："为什么有过濒死的体验，就可以成为主角？"

明仔说："死一次，不是真的死了，可以得到一些特殊的技能。游戏里啊，我玩使命召唤，我是尤里，被榴弹炮打中，掉下来，会有一个钩子来救我，我只有爬上去了才能启动技能打爆敌人的飞机。"

● 不是我看到的 ——

喔，这样啊，真的好奇怪的故事。妈妈说："这个故事你们喜欢吗？"

初宸说："喜欢。"

"为什么呢？"

初宸说："好玩。"

妈妈说："你们不觉得奇怪吗，一点逻辑也没有。突然月亮变成宝宝。还尽是一些奇怪的话，什么我什么都有，还有两扇窗子，留在家里了。"

明仔说："就是奇怪的好玩。"

初宸说："好像《圣诞惊魂夜》，万圣节的妖怪都跑去圣诞节送礼物，好吓人好好玩。"

明仔说："就像《爱丽丝漫游奇境记》，那个奇怪的猫，全身慢慢消失，只留下一个笑脸，你不是也很喜欢吗？"

妈妈说："我觉得《爱丽丝漫游奇境记》说的就是一个梦，梦很奇怪，这有什么奇怪？"

明仔说："《格里格里砰！或生活中一定还有别的什么》也是呀，生活中也有像梦一样好玩的东西。"

故事讲完了，妈妈说，你们愿意来演鹅妈妈剧场的戏吗，就是珍妮成为女主角，以后扮演一个被女仆用拖把打中的小狗，每天在舞台上吃香肠做的拖把。

初宸说："我演我演珍妮！"她往嘴里塞了一根长寿司卷，假装卡住了，倒在地上翻白眼。

明仔扮演猪医生，把长寿司卷拔出来，往初宸嘴里放了一个糖豆。

初宸坐起来，两个人分吃寿司。

妈妈鼓掌说，你们演得真好。

明仔说，鹅妈妈剧场不在北京，你得骑着狮子才能来看我们。

妈妈说："哪里有狮子？"

明仔给了妈妈一个扫把，说："你骑吧。"

　　　　　　　　　　◆ 你看到的

图书介绍

● 《格里格里砰！或生活中一定还有别的什么》
（[美]莫里斯·桑达克绘 著 任溶溶 译）
故事又可爱又惊险。有一些怪异和惊悚。
◆ 明仔阅读年龄：十岁。
◆ 明仔游戏：和小朋友一起演戏。

链接图书推荐

● 《想象有一天》
（[美]莎拉·L.汤姆森 文 [加]罗伯·冈萨维斯 图 常立 译）
借鉴了埃舍尔的方法来作画，创造出了一个无限可能的世界。第一眼看上去是一列跨海而来的火车桥，再看幻化成叠着罗汉的杂技演员；第一眼看上去是一条通向远方的河流，再仔细看却幻化出树根的姿态……它挑战我们的眼睛，也放飞我们的心灵。

● 《胡萝卜怪》
（[美]阿伦·雷诺兹 文 [美]彼得·布朗 图 杨玲玲 彭懿 译）
一只兔子每次路过胡萝卜地，都会随意拔出好多胡萝卜来吃。这个事情让胡萝卜们很生气，于是它们想出了一个主意，从这以后，兔子总觉得有长得像胡萝卜的怪物跟在自己后面……一个欢乐的故事。

妈妈感悟

◆ 常常会有一些故事让大人觉得莫名其妙，可是孩子们看得很欢乐。想那么多意义干什么呢，就尽情和孩子们一起享受阅读的乐趣吧。

● 不是我看到的 ——

观影

Differences We See

爸爸指着明仔的眼睛对妈妈说：

"你看，小孩子的眼睛占脸部的一半，成人眼睛占脸比例就小了。

儿童的瞳孔也特别大。有些女孩子想扮可爱，就戴什么美瞳，让瞳孔变大。"

"大人是装萌，小黄人是真萌。"明仔说。

小黄人为什么这么红

周日！周日才能看到大电影《大眼萌小黄人》！明仔已经迫不及待了。他贪婪地看完了三本《大眼萌小黄人》图画书，以三分钟一个的速度完成了三个立体小黄人，又在念《大眼萌小黄人》的大电影故事，不时发出小黄人似的咯咯笑。

"开始他们没有固定的形状，只是一种单细胞生物，但是他们立志要寻找最邪恶、最凶残的坏蛋，并为之效力……"

"明仔！"妈妈打断了明仔的笑，"我们讨论一下，你说给小孩子看的难道不应该是歌颂真善美，批判假恶丑吗？这个，小黄人，总是帮助邪恶卑鄙的人，是不是不太适合未成年人看呢？"

"他们哪有真的坏了？帮助坏人是由他们的基因决定的，是他们的任务，是他们的使命，是他们的荣耀。但是他们总是一不小心就把自己的主人整死，把恐龙送进了火山口，用苍蝇拍子招惹熊去吃原始人，把金字塔修反了压死法老，拉开窗帘晒死吸血鬼……哪坏了，哪坏了？他们是为民除害的大英雄，而且还一点也不骄傲，总是谦虚地说，我们是害虫。"

爸爸警惕："明仔，看故事就算了，但是！不能学小黄人！不准用复印机印屁股！"明仔很不高兴："为什么你们喜欢故事里调皮的小孩，不喜欢真的呢？"爸爸伸出食指在空中指点："小黄人在故事里捣乱，又不会真的把我们家搞乱。你有什么鬼主意，可以画出来，写出来，就是不能搞出来！"

妈妈说："在生活中叫捣乱，在书里就是审美。我很喜欢的《卡尔文与霍布斯虎》，作者是个乖孩子，但是他在漫画里让主人公尽情淘气，就成了艺术！小黄人蠢萌蠢萌，生活中可能会让人头疼，但是在电影和图书中，就是蠢出了个性，蠢成了超级萌物！"

明仔说："小黄人一点也不蠢！他们克服了那么多困难，哪蠢了？鲍勃偷喝了主人的飘飘药水，飘到了外太空；凯文被主人的缩小枪缩小。他们从来也不知道害怕，总是开心得要死。从单细胞生物活到现在，蠢？能行吗？你以为它们个子小，智商就低？"

"呵呵，中国人管这叫'傻人有傻福'，还有一句成语叫做'大智若愚'。"妈妈说。

"对，我觉得小黄人不是蠢萌，是智萌！太聪明了看起来有点蠢。"

爸爸说："听你们说起来，这有点像是儿童闹剧，通过夸张的肢体语言逗乐。我觉得算不上艺术水平很高的东西，怎么满大街都是这个鸡屎黄的小怪物？"

明仔抗议："不是鸡屎黄！这是小鸡黄！"

妈妈低头打开手机："我上网查了一下，喔，用黄色是有讲究的，黄色是暖色调，动画片里常用，可以提高注意力，增加快乐的感觉。""海绵宝宝、小鸟翠迪、皮卡丘、大黄鸭……都是黄色！"明仔抢着说。

"麦当劳，也是黄色。大大的M像一个撅起的屁股，吸引人去吃垃圾食品。"爸爸冲着明仔乐。"不对，没有垃圾食品，只有垃圾吃法。"明仔反驳。

"好吧，好吧，我们继续研究小黄人为什么萌翻世界。"妈妈继续低头，"查到了，有人说，小黄人的形象是幼态延续，Neoteny。"

"什么叫幼态延续？"明仔挤过来看手机。

● 不是我看到的 ——

"就是像婴儿的样子。"妈妈解释，"小黄人的身体像一个药丸，也有人说像一个跳蛋，总之是圆滚滚的，眼睛大大的，小手小脚，小短腿跑起来特别可笑。这就是模拟小孩的样子。他们都对喜爱的食物没有抵抗力，都没有'语言'，很原始很简单。人类驯化的宠物大多数也是大脑袋和大眼睛，宠物狗长大了的骨骼和行为习性还是和幼狼很像。为什么卡通形象和宠物受欢迎，是因为我们内心里认为幼儿是可爱的、没有危险性的。"

"谁会怕一个婴儿？像我们这样的小东西和你们这样的巨人在一起生活，不卖萌怎么活下去？"明仔刻意瞪大眼睛，活像小鹿斑比。

爸爸指着明仔的眼睛对妈妈说："你看，小孩子的眼睛占脸部的一半，成人眼睛占脸比例就小了。儿童的瞳孔也特别大。有些女孩子想扮可爱，就戴什么美瞳，让瞳孔变大。""大人是装萌，小黄人是真萌。"明仔说。

"小黄人就是成功地模拟了动物的幼态，他们没有语言，叽里咕噜，笑起来也像孩子一样'咯咯'，特别纯真投入。小黄人的语言和自嗨发笑有点像笑声罐头。"妈妈说。

明仔问："什么叫笑声罐头？"妈妈说："搜一下喽，笑声罐头又称背景笑声，是指在'观众应该笑'的片段插入事先录音的笑声。比如说小黄人有事没事，自己就嗨到不行。人类的大脑有一个叫作镜像神经元的东西。当你看到小黄人笑，你的镜像神经元也会被激活，你不知不觉中被小黄人拉低了笑点。没有办法，谁会拒绝这么萌萌哒的声音？"

妈妈对着电脑说："开始设计的小黄人并不是现在这样子，软软胖胖的，你看开始的概念稿，像成人的身材，金属质地，也有毛发旺盛的造型。"

"啊哈，坏蛋让小黄人长毛、变紫，才是真正邪恶的！"明仔说。

爸爸喝口水："这隐喻成年人才是邪恶的。"

"为了治好邪恶的大人，只好使用大剂量的萌物。"明仔把妈妈的脸从手机前扭开，瞪大瞳孔放电，妈妈笑着关掉了电脑。

图书介绍_

● 《大眼萌小黄人：大电影故事》([美] 萨迪·切斯特菲尔德 著)
以小黄人为主角的故事，讲述小黄人的前世今生，他们一路寻找坏主
人，其实他们是一些贪玩的孩子，本性依然是善良的。
◆ 明仔阅读年龄：九岁
◆ 明仔游戏：和爸爸妈妈看电影并讨论！

链接图书推荐_

● 《大眼萌小黄人：视觉大发现》([美] 特雷·金 著)
游戏书，主要是锻炼观察力。

● 《怪物雅克》([法] 贝特朗·桑蒂尼 著 [法] 劳伦·卡巴亚尔 绘)
一本疯狂而吓人的书，雅克是专门吃好小孩的怪物，他不吃坏小孩，因
为吃坏小孩会中毒，后来他爱上了好小孩并且为爱改变了吃人的天性。

妈妈感悟_

◆ 一部电影为什么受欢迎？里面有传播学和社会心理学的很多学问，
所以如果大人能够做一些功课，然后和孩子一起探讨一部电影为何成
功，将会是一件非常有意思的事。

● 不是我看到的 ——

◆

一座邪恶的杀人迷宫，究竟有什么好？

◆

"我不明白，一座邪恶的杀人迷宫，究竟好在哪里？"明仔质问妈妈，也是质问隐形的作者。妈妈好像犯了一个错误，让明仔看了《移动迷宫》，这个故事让明仔非常害怕。

《移动迷宫》讲的是 16 岁的少年托马斯在黑暗的电梯中醒来，发现除了自己的名字，失去了一切记忆。电梯门打开，托马斯来到一片林间空地，四周是巨石迷宫，晨开暮合，不断变幻，迷宫里还隐藏着吃人的怪兽。一群 11 岁到 17 岁左右的少年自称"空地人"，俨然组成一个小社会，但是每个男孩都不记得自己的过去，也都不知道自己为何来到此处。迷宫到底隐藏着什么秘密？托马斯加入了迷宫行者的队伍，试图找到出路并破解迷宫的秘密……

事先妈妈也做了一些工作，了解了一下《移动迷宫》的主要读者是初中生，也可以给小学高年级以上的孩子看，但是也许是个体差异，明仔非常不适。

什么样的故事适合什么年龄的孩子看？这可真是一个难题。安徒生童话家喻户晓吧，可是丑小鸭的故事却把 3 岁的明仔吓哭了。妈妈马上停止了讲安徒生童话和格林童话，直到上小学才重新开始。3 岁时，丑小鸭被抛弃的情节触动了他那个年纪最害怕的事情，但是 6 岁的明仔却能从更积极的角度看待《丑小鸭》。

明仔喜欢画迷宫，设计了很多纸上迷宫，《移动迷宫》又是一个以男孩子为主的冒险故事，所以妈妈猜想明仔会喜欢。听了故事梗概，明仔表示可以看看。但是听完以后，明仔说："不好，有点像是恐怖版的《奔跑的兄弟》，也有点像《逃离神庙》，但是好可怕。"

妈妈问："你不是喜欢迷宫吗？为什么会害怕呢？"

明仔说："我喜欢纸上的迷宫，我能看见怎么走，走错了就退回来，还可以用橡皮擦掉。"

妈妈说："你记得植物园的迷宫吗，你看不见路线，不是也很喜欢玩吗？"

"嗨，那不都是植物做的吗？我找不到路，直接从树篱笆的缝隙挤过去就行了。又没有吃人的怪兽。"

"吃人怪兽也不可怕，"妈妈说，"你还记得米诺斯的迷宫吗？"

"那个牛头人？藏在迷宫里，每年都要吃小孩。"

"后来王子忒修斯是怎么杀掉怪兽的？"

"有个公主送给他一团线球和一柄魔剑，他把线头系在入口处，一边走一边放线，在迷宫最里面找到了怪兽，杀死了怪兽。"

"对呀，只要你想办法，总能走出迷宫。"

"米诺斯的迷宫又不会动，怪兽也不乱跑。移动迷宫太可怕了，迷宫不停移动，怪兽也不停乱跑。"明仔还是不满意，"我最不喜欢的还有，托马斯的伙伴们互相残杀，太可怕了，比移动的迷宫和吃人怪兽还可怕。"

妈妈说："我也不喜欢这样的故事，太可怕了。"

睡觉前，明仔把所有的枕头围成一个堡垒，自己缩进被窝，裹得严严实实，好像一个蚕茧。他说："我也有一个迷宫，怪兽找不到我了。"

妈妈在外屋躺着，过了一会儿，发现明仔的门缝透出手电光，忽明忽灭，三短三长三短，是 SOS。

妈妈推门进去，走到明仔身边，问怎么了。

"妈妈，我还是害怕，你陪我好吗？"明仔的声音怯怯的。

妈妈坐在他身边，握着他的手。

明仔说："我不喜欢梦见迷宫，梦里面没有爸爸妈妈。"

妈妈说："是的，一个人是可怕。这样好不好，如果你在迷宫里，你发 SOS，我就会来的。"

"我在梦里叫你，你能听见吗。"

"能。有一天晚上，我在梦里听见一个声音叫妈妈，我一激灵就醒了，跑到你的床边，发现你还在睡梦中呢。"妈妈轻声说。

"那是你的想象，我没事的。"

明仔和妈妈都不说话了。妈妈用手指头在明仔手心里轻轻画圈。

明仔问："妈妈你在画迷宫吗？"

"是，画一个可以吃的迷宫。"

"可以吃？吃怪兽？"

"不是怪兽，是香甜的迷宫。真的，我刚才上网查了，美国有一个玉米地迷宫，除了玩迷宫还可以摘鲜甜玉米。法国还有向日葵迷宫，每年冬天，农夫们会重新设计并播种，春天就又长出一个全新的迷宫，你可以一边走一边吃瓜子。还有夏威夷的菠萝迷宫，没有怪兽吃掉你，你可以吃掉菠萝怪！"

没有人说话。妈妈画圈的动作越来越慢，明仔的肌肉慢慢松弛。在黑暗中，妈妈隐约看见明仔的笑容，"妈妈，你去睡吧，我可以一个人走迷宫了。"

图书介绍 _

● 《移动迷宫（珍藏版）》（[美]达什纳 著）
适合中学生以上的孩子看，有一点惊悚，情节紧张。
◆ 明仔阅读年龄：九岁
◆ 明仔游戏：玩各种迷宫的游戏。

链接图书推荐 _

● 《英国幼儿经典情景大迷宫》（[英]柯尔斯·廷罗布森 著）
适合低幼年级孩子玩的迷宫游戏，看看你和孩子谁先找到出口。

● 《走进奇妙的几何世界》
（[英]格里·贝利 著 [英]费利西·娅劳 著 [英]迈克·菲利普斯 绘 李耘译）
有趣的故事，耍宝卖萌逗笑的图画，一边游戏一边学习几何知识。

妈妈感悟 _

◆ 中国的电影没有分级，所以不是每部电影都适合孩子，即使是儿童电影，可能也并不适合每一个孩子。在看电影之前，家长要做一点功课，了解是否适合孩子的年龄。即使花了钱买了票进了电影院，只要发现孩子感到不舒服，就要马上离开，而不要心疼你的电影票钱。

● 不是我看到的 ——

如果我不被贪婪、自私偷走"心"，我就会是一个可以创造美好的妈妈。

◆

海洋奇缘：失心、偷心和还心

◆

明仔：

和你一起看书、看电影都是非常愉快的事，我常常觉得孩子的只言片语能让大人豁然开朗。

周末我们一起去看电影《海洋奇缘》，跟往常一样，看之前我们要研究一下公映的电影哪些适合你的年龄？《神奇动物在哪里》《名侦探柯南：纯黑的噩梦》或者《海洋奇缘》？先上网了解了三个片子的剧情介绍以及在国外的分级，神奇动物和柯南都有不适合 12 岁以下孩子的内容，所以决定看《海洋奇缘》。

看的时候你笑得嘎嘎的，而我除了感叹动画技术的神奇（水的透明质感如同高速摄影机拍出来的），对于故事并没有太大的触动——我是谁、我要成为什么样的人，出去旅行一趟就成长了，唉，都是套路。但是在观影临近结尾的时候，你的一句话好像是一朵浪花拍在我头上。

《海洋奇缘》讲的是太平洋海岛上一个酋长的女儿莫阿娜为了拯救族群，挽救被黑暗侵蚀的家园，必须找到神话英雄毛伊，穿越大海，归还千年前偷走的自然女神的海洋之心。一连串的一言不合就开唱，打椰子怪、螃蟹怪，最后迎战可怕的火山恶魔恶卡。

◆ 你看到的

这时你突然说："恶卡就是自然之神！"我说："你怎么知道？"你说："恶魔胸口上缺少了一块儿，旋转的花纹和莫阿娜手上的石头的螺旋花纹是一样的。"

果然如你的预测，莫阿娜把石头——海洋之心放回恶魔的胸口，可怕的火山恶魔恶卡重新变回了慈爱的自然之母。

我们一直看完所有的字幕才离开，你喜欢在动画片的字幕里寻找各种彩蛋，你还说看完最后一秒钟，才是对动画制作人员的尊重嘛。

回来的路上，我忍不住又问你："为什么火山恶魔就是自然之母？"你说："创造者，也是毁灭者。"哇，这句话好有哲理，是你自己想出来的吗？你说："不是，是这句话自己跳出来的。这种变身每天都在我们家上演啊妈妈，你有一颗温柔的心的时候，是非常萌萌哒的妈妈，可是一秒钟之后，有可能变成火山恶魔！"

对不起，恶魔妈妈的脸红得好像火山一样。晚上我就思考，一个人和一颗心的问题。

自然之母失去了心，就会变成恶魔，疯狂报复人类。而半神毛伊为什么要偷走自然之母的心呢？他并不是为了自己，他的心态很有意思——也许你不是很容易理解，但是我尝试着和你交流一下：在故事里，毛伊是一个被父母抛弃的孩子，他被神收养了，还得到了一把神造的魔法鱼钩。毛伊为了证明自己是一个有用的孩子，他不断地满足人类的要求，其中有些人想得到自然之母的神力，怂恿他去偷走自然之母的心，由此酿成大祸。表面上看毛伊不是为了自己，是为了别人才去冒险，但是深究起来，他还是为了自己。因为他从小没有得到足够的爱，他的心有一个很大的空洞，他是一个"失心"的孩子，需要不断去讨好他人来证明自己，甚至不惜伤害养育他、给他神力的自然之母。因此，故事的起因是一个"失心贼"偷心。

而那个小姑娘莫阿娜为什么会如此的坚定和有毅力呢？你说："因为自然之母选择了她去归还自然之心，这是她的使命召唤。"

为什么偏偏选择了她而不是别人？你说，因为莫阿娜是一个小宝宝、路都走不稳的时候，放弃了捡漂亮贝壳的机会，而去保护一只刚出生的小海龟不被海鸟吃掉，所以自然之母发现她有一颗特别善良的心。

你说得真好。那么小姑娘纯真的心又是从哪里来的？你答不上来。我觉得呢，因为她在成长的环境里得到父母的宠爱，同时还有一个疯疯癫癫很奇怪的奶奶保护了她的好奇心和探索心，所以在族人遭到灭顶之灾时，她才能有信心、决心和爱心踏上了冒险之旅。最后莫阿娜当上了酋长。在高高的山顶上有一个石头柱，每一任酋长都会放上一块石头，代表接受酋长的责任，莫阿娜呢？放上的不是石头，而是一个海螺，象征他们的部落不只是脚踏大地，还会向海洋进发。

当然这只是一个故事。我最不满意的地方就是莫阿娜没有学会航海的技术，却贸然出海。没有技术光有决心是非常危险的。还好，这个故事里，浪花帮助她、毛伊教授她航海技术，她努力学习，再加上一点点运气，才有了美好的结局。

你说："当然，莫阿娜有主角光环嘛。要是跑龙套的，不会航海偏要出海，只能活一分钟。"

再看男主角毛伊，他归还了海洋之心，用一千年的孤岛刑罚和实际行动弥补了自己的过错，自然之母原谅了他，给了他一把新的魔法鱼钩。他缺失的心房也填满了。

你说："就像妈妈一样，只要我认错了、弥补了过错，还是会得到原谅。"

"是啊！如果我不被贪婪、自私偷走'心'，我就会是一个可以创造美好的妈妈，而你呢？你会是莫阿娜还是毛伊？"

你说："我谁也不是，我就是我自己。"

● 《海洋奇缘》(美国迪士尼公司 出品)
一个少女的冒险之旅，个人发展和整个族群的未来联系在一起，既帮助了自己实现梦想，也帮助了周围的人脱离困境，从一直约束自己的小小的范围走向广阔的世界。

◆ 明仔阅读年龄：九岁
◆ 明仔语录：只要我认错了、弥补了过错，还是会得到原谅！

● 《迪士尼大电影双语阅读·头脑特工队》(美国迪士尼公司 著 郑赛芬译)
非常巧妙地利用童话来表现人的情绪是如何产生的。虽然故事带有很大的虚构性，但是里面的知识是有科学基础的。

● 《迪士尼大电影双语阅读·赛车总动员3 》(美国迪士尼公司 出品)
男孩子都会喜欢的赛车故事，一个有些骄傲的赛车在经过了一系列的坎坷之后，认识到了团队的力量，也学会了怎么样帮助其他人去实现梦想。

妈妈感悟 _

◆ 一起观影或者看书，成人通常会整体把握故事结构，而孩子会关注到细节，而这些细节又常常是一些关键性的暗示或者是重要的情节线索，如果你愿意聆听孩子的讲解，你会获得更多的观看乐趣。

● 不是我看到的 ——

疯狂动物城：你看到的和我看到的不一样

"没有了？我还要看第二集！"明仔和妈妈去刷"号称零差评"的电影《疯狂动物城》，直到银幕转黑，明仔还舍不得离开。

滴滴香浓，意犹未尽。回到家，妈妈和明仔拿着《疯狂动物城》的图画书一起讨论。电影里很多画面一闪而过，好多细节没有来得及仔细看。拿着书，发现了好多细节。比如，小兔子手机上的商标是被咬了一口的胡萝卜；比如卖盗版的地摊上卖的都是恶搞动画片，《超能陆战队》变成了《超能猪战队》，封面可爱的大白变成了一张猪脸。

聊起《疯狂动物城》的主题，妈妈觉得这是一个乡下姑娘到大城市工作的故事，别人包括她的爸爸妈妈都认为她只能在乡下当一个种萝卜的农民，可是她却想当警察！

明仔觉得是一个小动物混大动物世界的故事！"警察局都是大动物，小兔子个子小，开会的时候只能站着，一坐下就什么也看不见了，别人只能看见她的耳朵。我跟你去庙会，就只能看见大人的屁股。"

妈妈笑着点头："追着大动物的屁股，小动物最后战胜偏见、梦想成真！"

"你想当这个故事里的哪种动物？梦想成真的兔子、改邪归正的狐狸，
或者光芒万丈的羊歌星、孔武有力的牛局长？"
明仔快速顺着墙边溜走："我是一只仓鼠！假装没有主见的仓鼠！
隐藏自己，免得提意见，惹了大动物，被大动物踩扁！"

● 不是我看到的 ——

"你说得不对！小兔子还是不能当和坏人打架的警察，她的个子确实太小了，没有狐狸的帮忙，早就被大坏蛋一屁股坐死了。所以开始牛局长安排她当交通警察也没错，但是牛局长只给她一个龟速的小车是有点欺负小兔子。"明仔说，"小兔子后来当的是探员，就是查案子的，不是特警也不是突击队。"

妈妈说：“你这个角度我还真的没有想过呢，理想的确要和自己的能力相匹配，否则就是瞎想。”

明仔说：“你老说别人对小兔子有偏见，觉得她不能当警察。小兔子自己对警察也有偏见呀，她觉得交通警察不是真正的警察，开始那么不高兴。”

“是的，每个人都有偏见，或者说成见，要求每个人说的话做的事情完全正确，那是太困难了。比如小兔子说其他兔子可爱，豹子说小兔子可爱就不行。”

明仔瞪大眼睛：“豹子说兔子可爱，那是想吃它！”

妈妈笑翻了。说到偏见，妈妈觉得偏见的出现是因为世界太复杂了，人们为了简化认识，形成了一些刻板印象。比如说小兔子的爸爸妈妈告诉小兔子，狐狸都很狡猾，尽量远离狐狸，这样就可以减少危险。但是并不是所有的狐狸都坏，例如在这个故事里，设想所有的食肉动物都已经不捕猎了，食肉动物和食草动物和睦相处。在这种情况下，如果还是对狐狸抱有成见，狐狸就会想反正我怎么做，你们都认为我狡猾，干脆我就不做好人了，狡猾到底。

明仔从科学的角度补充说：“不同动物的眼睛结构不一样，看到的世界本来就不一样！两栖动物能看见紫外线，人类看不到紫外线，昆虫还有复眼呢。”

“是的，和人相比，狗是色盲，但是和螳螂、虾等很多别的动物相比，人类就是色盲。所以一个动物看的事情有限，是正常的，但是如果认为自己看到的就是世界的全部，认为自己看到的就是正确的，这才可怕。事情不像表面上看起来这么简单。”

明仔说：“美羊羊市长看起来很可爱吧，但是她最坏了。鼹鼠老大看起来很坏，其实挺好的。”

妈妈问：“你说羊市长坏，我能理解，因为它为了当市长，暗中挑起食肉动物和食草动物

　　　　　◆ 你看到的

不同动物的眼睛结构不一样，
看到的世界本来就不一样！

● 不是我看到的 ——

的矛盾。为什么你认为鼹鼠老大不坏呢？是一个黑社会老大呀。"

明仔解释："鼹鼠应该住在迷你城，为什么住在冰雪城？还不是为了让北极熊保镖住得舒服吗？"

"他都要把狐狸和兔子扔进冰窟窿，难道还不坏吗？"

"狐狸把一个臭鼬屁股毛做的毯子卖给你，你不生气呀？后来也没有扔，还请他们吃蛋糕。"

果然小动物看到的和大动物看到的很不一样。大动物和小动物的嗨点也不太一样。在电影院里后排坐着一对情侣，笑疯了，一直称赞兔子和狐狸好配！那个女生散场的时候，还说："狐狸好酥！"

明仔不解："她想吃狐狸吗？她说狐狸好酥脆！"

妈妈说不是的，她说狐狸好可爱。明仔说："我觉得小仓鼠最酥！"

"为什么呢？"

明子说："仓鼠小小的，多好玩呀，一排小仓鼠放学了，排着队卖冰棍，排着队扔垃圾！"

妈妈说："不是小学生，那些仓鼠是一些白领，讽刺那些没有主见的人。"

明仔说："不对，就是小学生，白领下班排队出来吗？小学生才这么乖乖排队呢。"

妈妈无可奈何地笑："你觉得是小学生就是小学生吧。"

明仔说："当仓鼠多好。食草动物和食肉动物打架，争来争去，仓鼠两边都不参加，它是杂食动物。"

"你想当这个故事里的哪种动物？梦想成真的兔子、改邪归正的狐狸，或者光芒万丈的羊歌星、孔武有力的牛局长？"

明仔快速顺着墙边溜走："我是一只仓鼠！假装没有主见的仓鼠！隐藏自己，免得提意见，惹了大动物，被大动物踩扁！"

◆ 你看到的

影视衍生图书介绍

● 《迪士尼大电影双语阅读·疯狂动物城 Zootopia》（迪士尼公司 出品）

《疯狂动物城》是近年来非常有想象力的一部电影，小学中高年级以上都可以看，从中能受到不同的启发。

◆ 明仔阅读年龄：十岁

◆ 明仔语录：我是一只假装没有主见的仓鼠！

● 《迪士尼大电影双语阅读·超能陆战队》（迪士尼公司 出品）

关于人工智能如何造福于人类，这部电影也给出了自己的思考，特别是关于机器人的设计是具有突破性的。以往的机器人都是钢筋身躯，而在这里是一个又白又大的胖子，给人一种温暖可依靠的感觉。其创意就来自要给人有一种拥抱的感觉。

● 《小猪佩奇》（英国快乐瓢虫出版公司 改编 苗辉 译）

粉红粉红的小猪一家，充满童真和友爱。英文发音清楚，很适合用作英语学习启蒙。

妈妈感悟

◆ 家长和孩子一起观影或者看书之后，趁着还沉浸其中，可以尽情交流各自体会最深的地方。没有对与错，只有观察角度的不同。很多电影都有相关出版物，可以结合图书观影，更可以感受同一内容的不同呈现形式。

239 /

● 不是我看到的 ——

附录

Differences We See

妈妈在看手机玩。
"为了治好邪恶的大人，只好使用大剂量的萌物。"
明仔把妈妈的脸从手机前扭开，瞪大瞳孔放电，妈妈笑着关掉了手机。

阅读图画书的三重境界

图画书的奇妙之处就在于，简洁洗练的故事蕴含着丰富而深刻的寓意，有限的文字和图画留给读者无限的想象空间。

理解一本图画书的途径有千万条，那是通往理解创作者的道路，也是通往我们理解自身的道路。以这本《痒痒熊》为例，我们至少可以从三种不同的途径来理解。

梦幻般的故事

这个故事乍看起来很像是继承了自英国童话大师刘易斯·卡罗尔的《爱丽丝漫游仙境》以来的幻想写作传统：荒诞世界中充满奇妙的文字游戏，自身又形成一个自洽的逻辑世界。

比如痒痒熊的无中生有，一个痒痒蹭啊蹭啊，结果变成了一只熊！一只过去不存在的熊！这只熊的腰间还能突然出现一个兜，耳朵后面突然出现一支铅笔。在现实世界里是不可能的，但是在梦境或者幻想的世界里，它却完全是成立的。对孩子来说，这也是一个非常容易理解的故事架构，本身有一种游戏的精神。

痒痒熊遇到了舒舒服服沙发牛和懒懒散散蜥蜴，感叹说："交到一个新朋友是好事，而交到一个老朋友是更好的事。"这句话有一种逻辑上的自我矛盾，但是奇妙的荒诞又产生了一种幽默和让人惊喜的审美效果。

《痒痒熊》采用了什么样子的艺术手法，梦幻也好，象征也好，这些标签并不是那么重要。就如同艺术家夏加尔认为，绘画首先是一种视觉效果，他反对幻想、象征这样的话，他说："我的内心世界就是真实，可能还比外面的世界更加真实。"他还说："把一切不合逻辑的事称为幻想、神话和怪诞，实际上是承认自己不理解自然。"

所以我们也不需要去说这是一个幻想的故事，你只需要跟随故事去体会其中的乐趣，随着故事的发展，欢笑、落泪、沉思。这是一个内心的世界，这是一个自然的世界。

哲学层面的追寻

如果我们从更深的层面来理解，痒痒熊从诞生以来就发问：我是谁？我要成为我。这就是哲学上最常探讨的问题。"我是谁？我是第一只熊还是最后一只？当孤单一人时，是做第一个好还是最后一个好？"这简直就像是探索宇宙起源的天问，有一种浩浩荡荡的孤独扑面而来，但是这个故事又是一个充满了进取、雄心和勇气的故事，孤单的熊踏上了寻找自我的路。他遇到了沙发牛，懒懒散散蜥蜴，他都非常友好、积极地向他们询问，认识到自己"是一只善良的熊"。

接下来痒痒熊和倒数第二企鹅争辩，企鹅说："我很忙，我正在思考一切，一切太多了，有时候我还得思考两遍。"熊说："那剩下什么给我思考？"企鹅说："没有。"熊说："那我就考没有。"企鹅说："一切就包括没有。"这里面可以理解成是自我的思考、自我的辩论，在看起来荒诞可笑的讨论中蕴含了"有和无""虚与实""执着与放手"等深刻的话题。

当痒痒熊面对八个方向的指示牌无所适从的时候，他听从了自己心中的声音"向前走"。"向前走"，是许多人希望到达的地方，但是"向前走"这个方向并没有在指示牌上出现。怎么办呢？痒痒熊坐上了慢吞吞乌龟出租车。"慢慢走是行进在这个森林里的唯一方式。"这句话给我们留下无限的思考的空间：在一个有目的的世界里，为什么反而要慢慢走呢？为什么随意而行反而找到了目的地？什么是有意义的人生？在我们执着往前的时候，是不是也有随性随意的时刻？

结合阅读者的体验

从接受美学来讲，所有的作品都是未完成的，需要和读者的生活体会、文化积累、生命体验相结合，才能成为一个完全品。比如我在阅读的时候，但到有些章节就像是禅宗的棒喝，比如熊在森林里行走时的，感悟："我越是看，就越是不知道。"这话有一种醍醐灌顶的顿悟。

再比如说，企鹅不让熊思考"没有"，熊说："那我就来闻闻这些花吧。"他说这里有"漂亮"个花，企鹅说漂亮不是数字，熊说："漂亮也许不是个常用的数字，但是是用于花的特别的数字。"这是在玩文字游戏吗？是在讨论艺术和数学的关系吗？这里面的含义和解读可以是非常多元的。你完全可以根据自己的生活体验来做出自己的理解。我认为，熊不会算数，缺少知识，但是他一样从花的香气、自然的美、生命的体验中认识到了自己。

最后，熊来到了森林深处的小屋，那里住着"一只以前不存在的熊"，他很小心走进去，生怕吵醒了自己。这句极富诗意的话令人感动。我们终于找到了自己，自我也许是在沉睡中，也许一直在与我们同行。当你跟内心里那个最深最深的寂静相对的时候，你会感到那么的熟悉，同时又感到一种静谧和安宁。

一部优秀的图画书必须是文字和图画的完美结合，《痒痒熊》文字作者是以色列的创作才子、作曲家奥伦·拉维（Oren Lavie），文字有一种音乐的回旋，如同一种小巧的舞步曲，在你心中循环上升、共鸣，产生悠远的回响。而插画家是德国著名的插画家沃尔夫·埃布鲁赫（Wolf Erlbruch），曾多次获得国际图书大奖，是 2006 年度国际安徒生插图奖得主，也曾于 1999 年、

2001年、2004年三次获得博洛尼亚儿童图画书插画奖。他在中国最广为人知的作品是《是谁嗯嗯在我的头上》。他的画作有一种特别的笨拙和质朴，精细与留白巧妙的结合，比如开篇森林里的一棵树，留下大面积的空白，通过绿、橙、青、白、黄背景颜色的变化，突出了这棵树的生长。熊的表情很少，而他的躯体动作保持着一种笨拙、执着和憨厚，留给读者足够的投影自己感受的空间。

借用王国维谈做学问的三重境界，我们可以说，如何创作出一本美好的图画书，对作家来讲是："昨夜西风凋碧树。独上高楼，望尽天涯路。"终于做出了一本创意独特、意义深刻的图画书就如同是"衣带渐宽终不悔，为伊消得人憔悴。"读者如何读懂一本书？需要你反复品味，结合自己的人生体验和足够的文化积淀，"众里寻他千百度，蓦然回首，那人却在，灯火阑珊处。"你所希望看到的答案，就在、你的、心中。

(李峥嵘为图画书《痒痒熊》所作导读，收录在此作为一个理解图画书的例子。)
《痒痒熊》([以色列]奥伦·拉维 著 [德]沃尔夫·埃布鲁赫 绘 喻之晓 译)

● 不是我看到的 ——

如何选择亲子共读的图书?

李峥嵘

常常有朋友要我推荐图书,还要求是必读的书目。我只能很惭愧地说,我不了解您的孩子,不知道他什么年龄,喜欢什么,什么发展水平,而且也没有什么必读书目,任何一本书不看都不会死。

有朋友就说:"你就说你自己最近在读什么书、喜欢什么书,就推荐给我吧。"这个问题非常难答。因为每个人的阅读兴趣、阅读需要、阅读历史都不相同。打个不恰当的比喻,我最近觉得不太舒服,想调养一下,跑去问学医的朋友:"那什么,最近你吃什么保健品,我也来点?"

其次,读书是非常个人化的体验,我很多时候会出于工作的需要读一些书,更多的不是满足别人要求的阅读,而是和我此刻的体验、心理需求有很大的关系。那些在我成长中留下深刻烙印的读物,更是生命的一个个年轮,有时候是一朵喜悦的花,有时候是疗伤的创可贴,有时候是一个成长的勋章。几乎每一本书的阅读体验背后都有一个私人的故事,因此如果不是很熟,真的很难分享我的书单。

◆ 你看到的

当我进学校或者推广阅读，和孩子一起读书的时候，也是根据孩子的情况在不断调整。个体差别真的很大，很多大人喜欢的、其他孩子喜欢的，这个孩子就是不喜欢。

别抓狂，我也会有一点笼统的建议：可以和孩子常去书店，把读书当成一个日常化的行为，而不是一个任务、一个目标，就像去图书的森林来一场精神的散步，你总会在有意无意之中带回一些花花草草的种子。

这几年我也定期参加一些读物的推荐活动，对向大众推荐读书有了新的体会。大多数人的时间和涉猎有限，书单有它不可取代的价值，在私人阅读之外依然有可以共享的书单。

所以在这本书里，我也给出了阅读图书和推荐书目的介绍。

首先，这份推荐书单非常精要，有一定的阅读量同时又不至于使人吓得不敢读书，那种动不动就"一生必读的 100 本书"，真的是会让人望而却步。

其次，推荐的书单涉及面比较广泛，涉及图画书、儿童文学、人文艺术，还有科普书，甚至还有心理学著作，能够满足儿童对客观世界和情感世界的探索。

第三，推荐的书都是经过了一段时间的阅读检验。那种一上市就被热捧的书，我通常是非常警惕的。

最最重要的一点：无论是什么样的书单都需要家长参与进来，而不是我花钱买书扔给你，你自己看去吧，给我交一个读后感啊，听到没有？你认了几个字啊？学到什么了？——这不叫阅读，这叫交换，这叫做买卖。

最新的全国国民阅读调查数据显示，2016 年中国国民人均一年图书阅读量不到八本，这已经比两年前不到五本增加了三本，但中国还是世界上成年人人均读书量最少的国家之一。

大人都不读书，好意思指望孩子吗？一个不会飞的鸟，下个蛋要蛋去飞？

有的家长因为工作繁忙或者对自己没有信心，让孩子看手机、看电脑，听多媒体里的故事。那些叔叔阿姨别管说的跟百灵鸟似的，那也是别人的爸爸妈妈啊。机器发出的声音不可能有亲人的温度。

● 不是我看到的 ——

阅读的过程不是静止的，而是一种生命能量的交换。想想看，一个你不曾谋面的人，把他对世界和生命、情感的理解倾注在图画、文字里，经过多少人的努力，传递到我们的手上，然后父母又通过自己的语言，把个人的理解传递给下一代。这种无法复制的交流难道不是比认识了几个字、会背几篇范文、能够写出一篇精彩的读后感更为重要吗？

　　我小时候的温暖记忆就是母亲下班带一本书给我，父亲给我念睡前故事。九岁那年，父亲对我说："现在你已经认识很多字了，我不再给你讲睡前故事。你自己看书吧。"对我来说，那一刻是童年的终结。

Differences We See

这个阅读记录属于 _____

我读的书：

我的打星：☆☆☆☆☆

我的语录：

我的游戏：

● 不是我看到的 ——

Differences
We See

图书在版编目（CIP）数据

你看到的不是我看到的：亲子阅读中的秘密 / 李峥嵘，于光著；王焱绘 .
-- 沈阳：辽宁美术出版社，2018.6（2020.7重印）
ISBN 978-7-5314-7888-1

Ⅰ . ①你… Ⅱ . ①李… ②于… ③王…
Ⅲ . ①阅读课 - 学前教育 - 教学参考资料 Ⅳ . ① G613.2

中国版本图书馆 CIP 数据核字 (2018) 第 038662 号

出 版 社：辽宁美术出版社
地　　址：沈阳市和平区民族北街 29 号 邮编：110001
发 行 者：辽宁美术出版社
印 刷 者：北京一鑫印务有限责任公司
开　　本：889mm×1194mm 1/24
印　　张：11
字　　数：260 千字
出版时间：2018 年 6 月第 1 版
印刷时间：2020 年 7 月第 5 次印刷
责任编辑：孙郡阳
装帧设计：北京午夜阳光平面设计公司
责任校对：李昂
ISBN 978-7-5314-7888-1

定　　价：38.00 元

邮购部电话：024-83833008
E-mail：lnmscbs@163.com
http://www.lnmscbs.com
图书如有印装质量问题请与出版部联系调换
出版部电话：024-23835227